생명의 빛을 찾아서

꼬미 마을 통합생태 프로젝트

생명의 빛을 찾아서

꼬미 마을 통합생태 프로젝트

저자 **김광숙**

불휘미디어

| 목차 |

| 서문 | 꼬미 마을 통합생태 프로젝트 • 7
| 추천사 | 꼬미 마을의 희망적인 사건들을 보라! • 13

위기를 기회로 ············· 22
초고령 농촌 마을에도 희망은 있는가? ············· 26
농부의 딸, 아들이여 고향으로 가자 ············· 30
꼬미나라 ············· 34
꽃 한 송이라도 우리 손으로 ············· 38
소리댁 황토방 ············· 42
핑 솟대들아, 주님을 찬미하여라 ············· 46
생명 나무, 노고산 애기단풍 ············· 50
오르막 둘레길 내리막 영적 여정의 길 ············· 54
마을 유래석 ············· 58
생태 지도 ············· 63
어린이집 아가들이 출현하던 날 ············· 67

효자상	71
고령기와 꽃밭	75
탁구	79
꼬미여장군	83
복숭아꽃	87
둥근 산 오솔길	92
꽃과 나비 벽화	96
유채씨	101
꼬미 밤마실 돗자리 영화관	105
큰새미	109
해바라기	113
마을 노인 회장님	117
갤러리 출품	121
꽃밭 팻말	125
테이프 커팅	129
고향 방문의 날	132
마을 광장 벤치	136
집마다 컴퓨터 세상	140
낙산서원	144

말방길	148
노노(老老) 케어	152
연자방아	156
대나무숲	160
꼬미 관솔 갤러리 기획전	164
빈집 프로젝트	168
강변 뚝방길	172
정자나무	176
동네 우물 되살리기	180
모래사장	184
생태 사도	188
지산동 고분군	192
자연 나눔(Sharing Nature)	196
관계 인구와 교류 인구	200
감마 영성	204
독수리 식당	208
노벗새	212
웰빙과 웰다잉	216

꼬미 마을
통합생태
프로젝트

| 서문 |

꼬미 마을 통합생태 프로젝트

생명의
빛을
찾아서

낙동강이 흐르는 꼬미 마을에 "통합 생태 공동체 만들기" 운동이 시작된 것은 2021년입니다. 기후 위기·생태 위기·농촌 위기에 대한 상황 인식과 "마을 가꾸기 사업"이 절묘하게 일치했습니다. 뜻밖의 코로나 사태로 인해 2020년 9월 귀향하면서 사라질 위기에 처한 농촌 마을 재생에 대한 꿈을 꾸었습니다. 그 꿈은 젊은 인구가 유입되어 시골살이가 기쁘고 즐겁고, 내가 사는 환경을 아름답게 가꾸고, 한 평의 땅이라도 살려서 자급자족하는 것입니다. 농촌에서 사는 우리의 삶이 신나고 행복하면, 그 모습을 보고 고향을 떠난 젊은이들이 귀향할 것입니다. 하늘, 땅, 물과 벗이 되어 더불어 사는 공동체를 이루고 싶었습니다. 활동 방향으로 크게는 "영성과 생태"입니다. 국제가톨릭형제회AFI의 영성인 전진상全犧牲, 眞愛人, 常喜樂을 실현하고자 공동체 운영 방법으로 루드비히 캄퍼 Ludwig Kapfer의 감마GAMMA모델을 적용하며, 생태프로그램으로는 조셉 코넬Joseph Cornell의 자연 나눔Sharing Nature입니다.

당시 마을 주민들은 8,90대 열다섯 분과 그 이하가 일곱 분 가량이었습니다. 빈집들과 대부분 노인 세대만 남아 있는 마을은 참으로 안타깝고 마음이 아팠습니다. 노후의 삶에도 활기와 열정을 쏟을 수 있는 것이 필요했습니다. 몇 년 동안 이장님최종순은 다양한 평생 학습 프로그램을 유치하여 어르신들의 삶에 활력을 주었습니다. 마침 2021년에 경북 고령군의 프로젝트로 "아름다운 마을 가꾸기 사업"에 꼬미 마을이 선정되었습니다. 통합 생태 마을 공동체 만들기를 하늘이 돕는다고 생각할 수밖에 없었습니다.

통합 생태 마을이란 삼 생태입니다. '자연 생태로는 땅을 살리고 마을 환경을 가꾸어 아름다운 마을을 만들고, 사람 생태로는 문화와 영성이 살아 숨 쉬게 하여 사

꼬미 마을
통합생태
프로젝트

람 사는 맛이 나는 마을을 만들고, 사회 생태로는 전통과 역사를 살리고, 사회 문제 해결체가 되어 사라질 위기에 처한 농촌 마을을 살리자'입니다.

　　마을 주민들은 합심하여 마을을 가꾸고, 마을을 상징하는 꿩 솟대와 장승도 세우고, 야외 영화관을 만들어 평생 동안 한번도 영화관에 가 본 적이 없는 노인들과 함께 영화를 보기도 했습니다. 마을의 지속성을 위해 가장 중요한 것은 마을에서 태어나고 자란 사람들에게 귀향의지를 심어 주는 것입니다. 매년 '고향방문의 날 Home coming day'을 만들어서 마을 주민들과 함께 마을 축제도 합니다. 해마다 참석자들은 너도나도 꽤 많은 기부금을 선사합니다. 마을 입구에는 차와 담소를 나눌 수 있는 예쁜 쉼터도 생겼습니다. 이제 꼬미 마을은 젊은이들에게는 귀향하고픈 의지가 심어지고, 이웃 마을에게는 농촌 재생의 본보기가 될 것입니다.

　　2023년 6월에 '꼬미 관솔 갤러리'가 문을 열었습니다. 88세 관송觀松 김태만 작가의 송진 품은 소나무로 만든 관솔 Fat wood 작품 갤러리입니다. 관솔은 2019년 스스로 생을 마감하고자 했다가 살아난 작가의 삶과도 상통합니다. 작품 활동은 그 이후부터 시작되었습니다. 서울, 대구, 고령 등지에서 전시회를 가졌고, 지역 사회에서 보기 드문 '작은 마을 갤러리'로 자리잡고 있습니다. 관솔 작품들은 각종 매체를 통해 전국으로 알려지기 시작했습니다. 노후의 삶을 준비하는 이들에게 평생 농부였지만, 80세가 넘어서도 새로운 일을 시작할 수 있다는 꿈과 희망을 심어 주었습니다.

2023년 10월에는 이 갤러리에서 80대 이상 시골 어르신과 도시 어르신들을 위한 콜라보 전시회가 열렸습니다. 노인들 스무다섯 분이 다양한 솜씨를 발휘했습니다. 시골 어르신들은 사라져 가는 전통에 대한 기억을 되살리는 고쟁이, 물레, 삼태기 등 생활용품들을 출품했습니다. 도시 어르신들의 작품은 여가 활동을 통해 익힌 다양한 종이공예, 민화, 수묵화 등이었습니다. 시골과 도시라는 사는 공간은 달랐지만, 동시대를 산 분들이 공감대를 형성하였고, 보는 사람들은 노익장을 감탄했습니다. 당시 최고령 97세 어르신의 자화상도 출품되었습니다.

꼬미 마을
통합생태
프로젝트

어르신들의 작품들은 우리의 전통에 대한 기억을 되살리고, 단절된 문화의 역사를 이어 주는 역할을 했습니다. 아주 작은 농촌 마을에서 일어난 이 일은 참으로 유례없는 일이 되었습니다.

'꼬미 관솔 갤러리'에 방문객들이 끊임없이 찾아오고 있습니다. 갤러리는 이 시대에 많은 영감을 주는 의미 있는 장소로 평가 받고 있습니다. 마을 주민들과 방문객들은 꿈을 갖고 함께하면 희망이 보임을 체험합니다. 시골 갤러리가 생태와 환경의 소중함을 일깨우는 계몽 역할, 노인층에 대한 이해, 농촌 재생과 생태와 환경의 소중함을 알리는 교육 장소가 되고 있습니다. 이 공간은 우리들의 크고 작은 고민을 해결하고, 더 나은 세상을 향한 꿈을 동시에 실현하는 곳이 되었습니다. 사람과 사람, 사람과 자연을 이어 주는 이 책 또한 농촌 재생과 통합 생태 마을 공동체를 꿈꾸는 이들에게 하나의 사례로 자리매김 하리라 봅니다.

꼬미 마을은 이제 마을 울타리를 넘어 지역 사회 안에서, 나라 안에서, 세계 안에서 기억되는 마을이 되었습니다. 2021년은 경북 고령군 "아름다운 마을 가꾸기" 사업에서 협동상과 상금을 수상했습니다. 2022년은 천주교 서울대교구 환경사목위원회 하늘·땅·물·벗『찬미받으소서』실천 사례 공모전에서 '통합 생태 마을'로 버금상을 수상했습니다. 2023년은 꼬미 마을 사례가 일 년 동안 가톨릭 평화신문에 49편의 글로 연재되었습니다. 2024년, 올해는 국제가톨릭형제회 AFI 국제연대 프로젝트 지원 대상으로 선정되어 교재와 홍보용 책으로 출판하게 되었습니다. 꼬미 마을이 더 큰 꿈을 향해 나아갈 수 있도록 아낌없는 격려와 지원을 해 주신 전세계 AFI 공동체 회원들께 무한한 감사를 드립니다.

꼬미 마을
통합생태
프로젝트

살수록 맛이 나는 마을, 볼수록 정이 가는 마을,
알수록 설레이는 마을
내 마음속 꼬미 마을은
오늘도 훈훈한 이야기꽃이 피어오릅니다

| 추천사 |

꼬미 마을의 희망적인 사건들을 보라!

모든 것이 서로 연결되어 있다는 사실은 인류가 직면한 현재의 생태적, 환경적 위기로 우리가 영적 위기를 겪고 있다는 신호이기도 하다는 것을 말해 줍니다.

소비에 의해 주도되고 쓰레기를 발생시키는 일회용 문화에 익숙해진 인류에게 이러한 영적 위기는 생활 방식의 변화를 요구합니다.

이러한 변화는 어디서 어떻게 시작될까요? 공동의 집인 지구 환경이 고통받고 있을 때 우리는 어떤 방식으로 공동체적 성찰에 참여해야 할까요? 기후 변화와 관련된 자연 재해가 전 세계적으로 일상적인 뉴스가 되면서, 우리가 회복하고 깨우쳐야 할 영적 인식은 어떻게 생겨날 수 있을까요?

우리는 지난 몇 년 동안 작은 꼬미 마을에서 발생한 여러 가지 희망적인 사건을 통해 이러한 잠재력을 볼 수 있습니다. 이러한 잠재력은 지역 사회의 회복과 전통 마을 문화의 재생을 통해 꽃을 피우고 있습니다. 모든 사람에게 고향은 마음 속에 숨겨진 깊은 그리움의 장소이며, 우리의 전체적인 삶을 풍요롭게 하는 낙원입니다. 마을 재생이라는 건조한 용어에 묻혀 버린 이 고향을 되살리려는 노력은 귀중한 문화적 정신적 운동입니다. 고령자들이 주로 살고 계신 개진면 주민들과 함께 이 노력을 했다는 점에서 더욱 의미 있고 그 의의가 크다고 하겠습니다.

꽃이 피고 새가 날고 노래하는 희망찬 마을을 만들고자 하는 꼬미 마을 주민들의 일상을 엮어낸 이 책은 시를 짓거나 민요를 부르듯 흐르는 시냇물 소리와 함께 쓰여졌습니다. 시골의 아름다움을 찾아 체험하고자 하는 모든 이들에게 귀중한 생태 교과서가 될 것입니다.

꼬미 마을
통합생태
프로젝트

더불어 이 책은 꼬미 마을에 정착한 이후 지난 몇 년 간 작가가 헌신해 온 삶의 흔적을 부드럽게 그려냅니다. 사색적인 삶의 행동이 지닌 매력이 가득하기도 합니다. 우리는 이 생태적, 문화적, 영적 운동을 통해, 자본주의 이후의 라이프 스타일을 고수하고 생태적 위기를 극복하기 위한 사회적 인식 캠페인의 일부라고 봅니다. 이에 독자들은 이 텍스트의 시작 부분에서 제기된 성찰적 질문에 대한 통찰력을 얻을 수 있기를 바랍니다.

저희 단체, 국제 가톨릭 형제회 AFI/ICA는 매년 연대 기금을 통해 전 세계 회원들이 시작한 여러 프로젝트와 다양한 분야 교육, 생태계 및 환경 보호, 빈곤 근절, 의료 서비스 접근, 인간 개발, 인간 해방, 정의 실현 등를 지원합니다. 하느님의 충실한 일꾼인 김광숙 노엘라가 제출한 꼬미 마을 농촌재생 프로젝트가 2024년 재정 위원회에서 지원 대상으로 선정되어 이 책이 출판되게 되어 기쁩니다. 사실, 저희의 인간 해방을 위한 투쟁은 인간 존엄성뿐만 아니라 자연과 하느님의 모든 창조물을 보호하는 것을 목표로 합니다. 따라서 저희는 저자 김광숙 노엘라에게 따뜻한 축하를 전하며, 선정 과정에서 노고를 아끼지 않으신 저희 협회 재무위원회와 훌륭한 책을 펴낸 불휘미디어에 감사드립니다.

2024년
국제가톨릭형제회 국제운영위원 The Board of Directors

콜린 이수연 도미틸라

꼬미 마을
통합생태
프로젝트

Kkomi village: a holistic restoration of spirit, community, and the environment

All of life is interconnected. It is then evident that the current ecological and environmental crisis facing humanity is a signal that we are encountering a spiritual crisis as well.

For humanity, which has become accustomed to a throwaway culture driven by consumption, generating waste, this spiritual crisis calls for a change in lifestyle.

Where and how does this change begin? How should we engage in communal reflection when the environment of Earth, our shared home, is suffering? As climate change-related natural disasters become daily news worldwide, how can the spiritual awareness that we need to restore and awaken arise?

We can see the potential for this through several hopeful events that have occurred in a small Kkomi Village over the past few years. This potential is blossoming through the restoration of community and the regeneration of traditional village culture. For everyone, the hometown, a place of deep-seated longing hidden in the heart, is a paradise that enriches our holistic life. The effort to revive this hometown, which has been buried under the dry term of village regeneration, is an invaluable cultural-spiritual movement. The fact that this effort was carried out together with the residents of Gaejin-myeon, an area with an aging population, makes it even more meaningful and significant.

This book, which weaves together the daily lives of the Kkomi Village residents, who aim to create a hopeful village where flowers bloom, birds fly and sing, is written with the sound of a flowing stream, as if composing poetry or singing folk songs. It will serve as a valuable ecological textbook for anyone who wants to visit and experience the beauty of the countryside.

Moreover, the book gently depicts the traces of life that the author has been devoted to over the past few years since settling in the warm-hearted Kkomi Village. It is filled with the charm of a contemplative life in action. We hope that through this ecological, cultural and spiritual movement, which has been part of the social awareness campaign to adhere to a post-capitalist lifestyle and overcome the ecological crisis, readers can gain insights into the reflective questions raised at the beginning of this text.

The Association Fraternale Internationale AFI/ICA annually supports solidarity funds for international members' projects related to topics such as the ecological environment, poverty eradication, human development, human liberation, and the realization of justice. We are pleased that the Kkomi Village Revival Project, submitted by Kim Kwang-suk Noella, a faithful worker of God, has been selected for support in 2024, leading to the publication of this book. We extend our congratulations to the author, Kim Kwang-suk, and thank the International Finance Committee of our organization for their efforts during the selection process, as well as Bulhui Media for producing such a well-made book.

꼬미 마을
통합생태
프로젝트

- Coleen Cecilia Domitilla

생명의
　　　빛을
찾아서

2023. 1. 1.

위기를 기회로

국제가톨릭형제회 AFI

2020년 1월 7일 새벽, 고향 꼬미 마을에 쓰나미가 몰려오는 꿈을 꾸었다. 한 달 후의 꿈은 대구 지역 지표면에서 용암이 뽀글뽀글 올라오는 꿈이었다. 이 두 꿈처럼 그 시기에 온 세상이 코로나로 요동쳤고, 내 안도 총체적으로 출렁거리기 시작했다. 4년간 신학 공부를 마치고 설레이는 마음으로 부르심에 응답하고자 기다리고 있는데 이런 일이… 이런 시대를 살아가기 위해 무엇을 해야 할까? 유튜브 채널을 통해 들려오는 뉴 노멀 시대에 대처하기 위한 지식인들의 목소리를 경청했다. 지구 위기, 기후 위기, 생태 위기로 생

꼬미 마을
통합생태
프로젝트

명과 죽음이 너무나 가까이 있었는데, 먼 나라, 이웃 나라의 일로 생각하고 살았다. 코로나 사태는 자본주의의 삶에 뿌리박힌 나의 의식을 하나씩 걷어 내게 했다. 혼자만의 발버둥으로는 도저히 할 수 없는 것을 외적 환경 때문에 변화하지 않으면 안 되는 상황으로 안내했다. 뿌옇게 보였던 현실 안에서 삶의 본질을 고민하는 삶으로 이끌었다.

한 번도 상상해 보지 않았던 귀향, 그해 9월 시골로 내려오면서 큰 방향은 '영성과 생태' 두 날개였다. 영성과 생태는 어떤 사도직을 하든 구심점이 될 것이고, 구체적인 도구는 AFI의 영성인 전진상全犧牲, 眞愛人, 常喜樂 영성, 나의 사도직인 감마Gamma 영성, 자연 인식 프로그램인 자연 나눔Sharing Nature 이라는 세 가지를 가슴에 품었다.

80세 넘은 어르신들만 소복하게 모여 사는 꼬미 마을, 젊은이라고는 70세 이하 예닐곱 분, 그나마 출퇴근하는 분들이고, 실제로는 너덧 분. 마을에 사는 한 분 한 분이 이렇게 소중하고 귀하게 여겨질 줄이야. 코로나 감염으로 인해, 언제 어느 때 하늘나라 부르심을 받게 될지 모르는 사망 소식은 한 사람 한 사람을 귀하게 여기고, 순간순간을 의미 있게 살 수밖에 없도록 만들었다. '하루를 천년같이' 이 말씀을 가슴에 새겼다. 이 어르신들과 같이 하루를 천년같이 산다면, 하루를 살아도 뜻깊을 것 같았다. 마을 사람들끼리 함께 사는 동안 즐겁고 기쁘게 살면, 그 모습을 보고 고향을 떠난 젊은이들이 한 사람 한 사람 귀향한다면, 마을 공동체는 새롭게 부활할 것이라는 희망을 품게 되었다.

서울 한복판 명동에 살 때는 자연이 그리워 온 방안을 화초로 채우고, 창 밖의 참새들에게 날마다 쌀을 주면서 그들을 지붕 위로 불러 모았다. 곤줄박이나 동고비는 손바닥에 모이를 주면 와서 먹을 정도로 사람을 경계하지 않는데, 참새들은 다르다. 참새구이 당한 원기억 때문일까? 약간의 움직임만 있어도 포르르 날아가 버린다. 하루는 참새 한 마리가 내 방안까지 들어왔다가 황급히 날아갔다. 그날 누렸던 기쁨과 놀라움을 아직도 잊지 못한다.

이곳은 날마다 "꼬끼요, 꼬끼요" 목청 큰 수탉 소리가

꼬미 마을
통합생태
프로젝트

새벽을 알리고, 동틀 무렵이면, 문밖 쥐똥나무 위에서 떼 창하는 참새들이 잠자리에서 일어날 때까지 노래한다. 때로는 그 노랫소리에 취해서 깊은 명상에 이른다. 불러 모으지 않아도 스스로 찾아오는 참새들이 고맙다. 이렇게 시골살이는 인간을 자연스럽게 살도록 이끌어 준다. 욕심만 살짝 내려놓으면 온 마음이 부자가 되고, 창조주 하느님을 저절로 찬미하게 된다. 흙내음 밴 땅에게, 나무와 숲에게, 만나는 모든 것들에게 고마움을 전한다. 아프지 않은 한 풀 한 포기라도 뽑고, 씨앗을 뿌리고 가꾼다. 사람, 자연, 함께 사는 세상을 고민하지 않을 수 없도록, 위기를 기회로 안내해 주신 하느님은 찬미를 받으소서, 이제로부터 영원히 받으소서!

2023. 1. 8.

초고령 농촌 마을에도 희망은 있는가?

자연 생태

꼬미 마을
통합생태
프로젝트

지난해 고령군 '아름다운 마을 콘테스트' 마을 가꾸기 사업에 개진면에서는 꼬미 마을인안2리이 선정되었다. 적극적이고 열성적인 여성 이장님이 매년 이런저런 프로그램을 잘 유치하셨다. 꼬미 마을은 1970년대 새마을 사업 이후로 별 변화가 없는 마을이다. 눈에 띄게 변화한 것은 동네 앞을 가로막는 공장이 들어서는 것을 막아 500평 가량 마을 공동 주차장을 만들고, 마을 안길과 신작로를 포장한 것이 전부라고 할 수 있다. 주민들이 원하지 않았던 변화는 몇 년간 투쟁했지만 결국 세워진 마을을 빙 둘러싼 철탑들이다. 산을 바라볼 때마다 철탑이 눈에 들어오지 않는 방향이 없다. 마음이 무너져 내린다.

이런 마을에 시간이 갈수록 늘어나는 것은 가구 수가 아니라 빈집들이다. 한 집 두 집 도시로 사람은 떠나고 집만 남아서 주인을 기다리고 있다. 그나마 사람이 살던 집도 부모님들이 돌아가시면 덩그러니 건물만 남아 있다. 20년, 30년 방치해 둔 집에 여름이면 잡풀들이 무성했다가 겨울이 되면 속절없이 허물어진 집터의 속내를 드러내면 마을 분위기는 사람이 살지 않는 동네처럼 을씨년스럽다. 아름다웠던 농촌 마을이 이렇게 하나둘 사라져가야만 하는가?

주 거주민이 80대가 훨씬 넘어선 이런 마을에도 희망이 있을까? 행정 기관의 지원을 받아 시골 마을을 아름답게 가꾼 모범 마을 몇 군데 견학을 갔다. 견학을 간 마을들은 모두 벽화로 마을의 분위기를 살렸다. 우리는 우리 힘으로 좀 더 색다르고 마을의 특징을 잘 살리고 싶었다. 다행히 서너 명의 5, 60대 젊은이들이 손재주와 다양한 전문적인 기술을 지녔다. 지원금을 주는 행정 기관이 전문가와 외부 기관에 의뢰하자 수십 년 만에 의기투합해서 마을을 스스로 가꾸고자 한 주민들은 잠시 실망했다. 절호의 기회가 왔는데 우리가 손놓고 있을 수는 없지 않는가? 우리 손으로, 마을 자금으로, 우리 마을을 가꾸자.

  1차 회의, 2차 회의, 3차 회의… 회의가 거듭될 때마다 우리들의 마음은 부풀어 올랐다. 우선 마을에 들어서자마자 보이는 쓰레기 분리배출 장소를 농사용 폐비닐 수집장 옆으로 옮기고 비바람을 막아주는 집을 만들었다. 폐비닐장도 속이 훤히 들여다보이는 철망이다. 이 담장에다 마을 뒷산에 살고 있는 대나무를 엮어서 생명의 옷을 입히자. 길을 가다 보면 농사용 폐비닐을 여기저기 수북이 쌓아 놓고 있어서 눈살을 찌푸리게 한다. 어떤 마을은 판넬 가림막으로 단장했다. 노인 회장님과 총무님 그리고 주민 한 분이 대나무를 베고, 바로 서서 걷기도 어려운 산 언덕배기에서 경운기로 대나무 200여 개를 실어 나르고, 새참을 갖다 나르고, 기술 좋은 젊은이

꼬미 마을
통합생태
프로젝트

가 대나무를 엮어 푸르고 싱그러운 대나무 문까지 완성했다. 원래 계획은 사방을 대나무로 엮는 것이었는데, 뒷면은 잘 보이지 않으니까 그대로 두기로 했다. 아쉬운 생각이 들지만, 함께 일을 하다 보면 내려놓거나 포기하는 법을 배워야 한다.

함께 걷는 길, 시노달리타스가 이루어지고 있는 순간들이다. 주민들끼리 마음을 나누고 생각을 합하기까지 많은 시간이 걸린다. 자연 생태를 그대로 살리자는 의견과 쉽고 빠른 도구와 방법을 사용하자는 서로 다른 생각의 합일점을 찾는 데는 각고의 노력과 인내와 지혜가 필요하다. 그럴 때마다 우리의 목적과 목표, 마을이 가고자 하는 방향을 떠올리지 않을 수 없다. 우리는 하늘이 주신 땅심으로 평생을 살아온 농부, 농부의 자녀들이 아닌가? 가능한 탈자본으로, 가능한 우리 손으로, 우리 꼬미 동네를 가꾸자.

"희망을 포기하지 않는 이는 행복하다." 집회 14,2

2023. 1. 15.

농부의 딸, 아들이여
고향으로 가자

사람 생태

꼬미 마을
통합생태
프로젝트

코로나 시국에 도회지에 살던 이들에게 이제는 '자연과 더불어 사는 것이 답'이라고 누가 알려 주었을까? 창조 질서 회복의 때를 놓칠세라 하느님께서 더이상 두고 볼 수가 없어서 고향 마을로 불러 모으셨을까? 우리는 누군가가 부른 듯이 6개월 간격으로 한 사람, 두 사람씩 고향집에 안착했다. 은퇴를 한 후, 한 부부는 노모가 사시는 집으로 돌아왔고, 한 오라버니는 사무실과 일터를 시골집 마당으로 옮겨왔다. 대구 시내에서 어린이집을 운영하는 후배는 나고 자란 옛 집터에 컨테이너를 설치하고 쑥씨를 뿌려 친환경 쑥을 재배하여, 쑥떡과 쑥가루를 만들어서 사람들의 건강을 돕고자 하였다.

갑자기 수십 년 만에 선후배들이 만나기 시작했다. 자랄 때는 누구 집 아들, 누구 집 딸 정도로 알고 있었던 사이다. 대화를 한 번도 해 본 적이 없었지만, 한마을에 자라면서 같은 환경과 같은 공간을 알고 있다는 것이 이렇게 큰 힘을 발휘할 줄이야. 어릴 때 놀던 이야기, 에피소드를 시작하자마자 순식간에 우리는 하나가 되었다. 언니, 오라버니, 동생 호칭으로 한 가족이 되었다. 오공본드보다 더한 결합력이었다. 이것이 바로 고향의 힘이구나. "나의 살던 고향은 꽃피는 산골~~" 노래만 시작하면 목청이 떨리고, 가슴 저 밑바닥에서 뜨거운 것이 올라오고, 눈가엔 이미 이슬이 맺힌다. 아하! 비어 가는 농촌, 고향의 힘, 평화와 기쁨을 느끼게 한다면 이보다 좋은 고향 마케팅이 있을까? 분명 '고객 감농'을 넘어 '고객 감격'이 될 것이다.

갑자기, 우연하게 젊은 층 몇 사람이 만나게 되었다.

우리는 자칭 기획팀을 만들었다. 각자 일터에서 열일을 하면서 꼬미 마을을 위해서도 열일을 한다고 '꼬미 열일 기획팀'이다. 좀 더 친숙해진 상태에서 팀의 속을 자세히 들여다보니 실은 '허당과 똘똘이'였다. 고향 마을에 거의 동시에 들어온 우리의 만남이 우연의 일치라고 하기엔 너무 신기해서 '신과 함께'라는 이름도 붙였다. 우리는 이름 하나에도 의미를 부여해서 재미와 즐거움을 누리게 되었다.

만남의 첫해는 일을 한 것보다 친교의 시간이 더 많았다. 그도 그럴 것이, 4, 50년 만에 처음 만나서 바로 회의를 할 수는 없는 노릇이다. 놀면서 새로운 아이디어, 새로운 에너지가 솟아났다. 기획팀 회의를 빙자?해서 창녕 관룡사를 다녀왔고, 두 번째는 마산 저도와 연륙교 행이었다. 노인 회장님께서 젊은이들이 마을을 위해서 뭔가를 하려고 하니 기특해서 격려 차원에서 맛난 것 사 먹으라고 찬조금도 주셨다. 바닷가에서 회를 실컷 먹고도 얼마 남았다. 회장님께 3만 원이 남았다고 말씀드렸더니 7만 원을 더 주시면서 10만 원을 기획팀 마중물 기

꼬미 마을
통합생태
프로젝트

부금이라고 하셨다. 팔십 평생, 이 마을을 위해 봉사하신 어르신의 그 마음이 전해져서 가슴이 뭉클해졌다.

인간 중심적인 세계관이 공동의 집, 지구를 망쳤다고 귀에 딱지가 앉도록 듣고 또 들었다. 그 딱지를 뗄 수 있는 자도 우리 인간임이 확실하다. 우리가 망친 우리 땅, 우리가 살려 낼 수 있을 것이다. 땅을 사랑하는 우리가 모이면 한 평이라도 생명의 땅으로 변화시킬 것이다. 농부의 딸, 아들들이여, 일어나 고향 땅으로 가자.

"하늘은 기뻐하고 땅은 즐거워하여라"

1역대 16.31

2023. 1. 22.

꼬미나라

사회 생태

나 스스로 이름 붙인 '말씀 사도직' 안에 복음 말씀 묵상 나눔 그룹인 '빛과 소금' 팀이 있다. 비대면 시대가 우리에게 준 특별한 선물은 제주, 진해, 경산, 대구, 고령에 살고 있는 우리가 공간을 초월해서 만나는 길을 자연스럽게 열어 준 것이다. 이 팀에서 영적으로 좀 더 깊어지는 삶을 살고자 케노시스^{자기 비움}를 함께 공부하였다. 현장 학습으로 코로나가 주춤한 시기를 틈타 제일 먼저 꼬미 마을을 2박 3일 방문하기로 했다. 그들은 사회복지 관련 일을 하는 분들이라 사람을 섬기고 존중하는 자세가 몸에 배어 있다. 모두 마을 어르

꼬미 마을 통합생태 프로젝트

생명의
빛을
찾아서

신들을 대접할 먹거리들을 가득 가지고 왔다. 마을 회관에서 제주 흑돼지를 구워 드리고, 진해 생선회로 팔구십 어르신들을 섬겼다. 외지 사람들한테서 한평생 동안 이런 대접을 처음 받아 보신 어르신들은 고마워서 어쩔 줄 몰라 하셨다. 이렇게 사람 사는 맛을 누리는 시간을 보내다가 불현듯, 제주도에서 사회적 기업을 운영하고 있는 분이 '사회적 기업가 육성 사업 초기 창업팀' 참여를 제안했다.

금방 정보를 입수했는데 신청 마감일을 보니 딱 1주일 후이다. 열일 기획팀에서 긴급회의를 열고, 짧은 시간 초능력을 발휘하기로 했다. 최근 사회적 기업을 시작한 선배한테서 멘토를 소개받고, 무에서 유를 창조하는 초침이 튀는 시간을 보냈다. 기업 이름은 '꼬미나라'. 꼬미나라로 사회적 가치를 높여 보자. 설레임으로 마음은 벌써부터 붕붕 뜬다. 우리는 왜 이 사업을 하고자 하는가? 사라질 위기에 처한 농촌 마을의 집, 땅, 사람, 자연을 되살리고 싶은 것이다. 고요한 마을에 활기를 불어넣고, 귀향과 귀촌으로 찾아오는 마을, 지역 자원으로 경제적 자립 기반을 마련하고 상생의 지역 순환 모델을 꿈꾸었다.

경영 철학 한번 거창하다. '집이 살고, 땅이 살고, 사람이 살아나는 꼬미 마을'이다. 우리의 비전은 '빈집이 없는 마을, 빈터가 없는 마을, 자연에서 새 생명을 찾은 마을'로 정했다. 이것은 우리의 진정한 바램이고 절실한 꿈이다. 경영 철학과 비전을 정하고 나니 이미 다 이루어진 듯이 뿌듯하고 행복했다. 주요 사업으로 꼬미 마을 지역 자원인 피톤치드 관솔 소나무 목공예 판매와 체험 학습, 녹색 에너지 황토방과 생태 체험 학습 Sharing Nature, 쑥씨를 뿌려서 재배한 꼬미 쑥으로 만든 각종 먹거리 판매와 체험 학습 등이다.

꼬미 마을
통합생태
프로젝트

급하게 작성한 사업 계획서이지만, 분명히 당첨이 될 줄 알았다. 선정되지 못한 이유에 대해 멘토는 이미 수익 창출을 내고 있는 오랫동안 준비한 팀이 많았다고 한다. 우리는 첫 번째 쓴잔을 마셨다. 언젠가는 소중한 꿈이 펼쳐지리라 믿는다. 꼭 사회적 기업이 아니더라도 '우리'에 속하고 싶은 이들이 많을수록 마을은 살아날 수밖에 없으리라.

"와서 보아라"

요한 1,39

생명의
빛을
찾아서

| 꼬미나라 사회적 기업의 목표 |

우리는 피톤치드 덩어리인 관솔로 치유와 명상에 이르게 하여 영육 간 충만함을 누리게 한다.

우리는 원적외선 방출하는 황토방에서 '쉼과 머묾'으로 삶의 회복 탄력성을 높인다.

우리는 곰이 사람이 된 쑥으로 땅도 살리고, 사람의 생명도 살린다.

우리는 인정 많고, 인심 좋고, 사람 향기 나고, 꽃피고 새 우는 고향 마을을 가꾼다

우리는 양질의 맞춤형 일자리 창출로 경제적 자립과 지역 경제 순환형 커뮤니티 모델을 발굴한다.

2023. 2. 5.

꽃 한 송이라도
우리 손으로

자연 생태

꼬미 마을
통합생태
프로젝트

"주민이 주도하고 참여하는 군민 캠페인 'I ♥ 대가야 고령' 아름다운 마을 가꾸기 사업 추진으로 깨끗하고 청정한 마을로 '누구나 살고 싶은 아름다운 마을'을 만들고자 한다." 이것은 2021년 아름다운 마을 가꾸기 사업 추진 배경이다. 개진면에서 꼬미 마을_{인안2리}이 선정되면서 꿈꾸는 통합 생태 마을의 큰 물길을 지역 사회가 열어 주었다. 이런 것을 '하늘은 스스로 돕는 자를 돕는다', '천우신조天佑神助'라고 하는가?

오늘은 사업 계획서상 첫 사업으로 마을 회관 옆 공

터에 화단을 만드는 날이다. 중년 남성들은 일하러 나가고, 85세 이상 어르신 여덟, 여성 이장님 이하 여성 셋, 열한 명이 땡볕에 그을릴세라 완전무장하고 모였다. 트럭에 남천, 송죽화, 금잔화가 가득 실려 왔다. 이 일을 맡은 업체 담당자와 아주머니 네 분도 함께 오셨다. 우리 손으로 하는 줄로 알고 있었던 주민들은 순간 당황스러웠다. 하기야 85세, 87세 세 분, 88세, 89세, 90세, 92세 이분들이 나무와 꽃을 심는다고 누가 상상이라도 했겠는가? 담당자들은 자기들이 얼른 해 버리고 싶어 하는 듯했지만, 어르신들은 기꺼이 앉아 계셨다. 꽃 한 송이라도 내 손으로 가꾸고 싶어 하시는 모습이었다. 어르신들이 주름진 손으로 송죽화 한 포기를 심을 때마다 굽은 등뒤로 땀과 함께 마을과 땅을 사랑하는 마음이 흘러내리는 듯했다.

마을 회관 앞에는 치산정稚山亭 정자와 큰 느티나무가 두 그루 있다. 계획서에는 그 주변에 잔디를 심는 것으로 되어 있었다. 마을 어르신들은 잔디가 우선 보기는 좋겠지만, 큰 나무 밑에 잔디를 심어 봐야 얼마 못 가서 죽는다고 하셨다. 잔디가 살아날 동안 물을 줄 사람도, 매년 풀을 뽑을 사람도 없다는 것이다. 예전에도 잔디를 심었지만 다 죽었다고 한다. 여러 차례 의견을 제시해 보았으나, 결국에는 주민들이 뜻을 접기로 했다.

위탁 업체 담당자들은 계획서대로 잔디를 심었고, 주민들은 계획서에 없는 일을 하게 되었다. 마을 회관 왼쪽 언덕배기 공터와 들어오는 입구 가장자리 빈터를 꽃으로 가꾸자. 무성한 풀을 제거하고, 돌밭 같은 땅을 고르고, 가장자리를 큰 돌, 작은 돌로 조화롭게 놓아 야트막한 경계를 만들었다. 벽돌이나 블럭으로 경계를 하면 모양이 나겠지만, 우리들표 꽃밭은 자연 그대로를 살려서 정답고 시골 분위기 나면서 있는 듯, 없는 듯, 보이는 듯, 보이지 않는 듯한 꽃밭이 되었다.

돈주주의_{돈이 주인}, 자본이 지배하는 시대에 사는 우리는 편리하고 쉬운 것에 익숙해져 있다. 지자체의 꿈은 '주민이 주도하는~'이지만, 현실은 쉽고 빠르고 효율적으로 일하고, 전문가에게 맡기는 것이었다. 주민은 비켜선 존재, 들러리쯤으로 생각하는 행정은 아직도 가야 할

길이 멀다. 깡촌 주민들이라 토의하고, 합의하고, 스스로 결재하고, 보고서 작성하는 것이 안 된다고 생각하였을까? 그러나 오산이다. 이분들은 새마을 운동을 경험한 분들이라 낮에는 일하고, 밤마다 모여서 토의하고 협의하면서 마을을 가꾼 분들이다. '거꾸로 가는 행정이구나, 노인이라 무시하는구나'로 생각하신다. 오늘도 지혜를 배운다. 마을의 아름다움을 추구하면서, 갈라서듯이 다투지 않고, 우리가 할 수 있는 일, 될 수 있는 방법을 찾는 것이다.

"찾아라, 문을 두드려라"

마태 7,7

2023. 2. 12.

소리댁 황토방

사람 생태

꼬미 마을 열일 기획팀이 제일 먼저 한 일은 소리댁 황토방을 꾸미는 일이었다. 사람 향기 나고, 고향집 사랑방 아랫목을 느낄 수 있는 공간을 만들어 몸과 마음을 쉬게 하고 영적인 충만을 누리게 하자. 여름이면 감자 삶아 먹고, 가을이면 밤 구워 먹고, 겨울이면 고구마 구워 먹으면서 도란도란 이야기 나누며 서로의 삶을 노래하던 그 시절의 그리움을 풀어내고 따뜻하고 푸근한 마음을 느끼게 하자.

소리댁 어르신이 요양원에 가시기 전에 사랑채 방 하나를 황토방으로 만들어 놓았다. 군불을 지피니 얼마나

꼬미 마을
통합생태
프로젝트

뜨거운지 장판이 노골노골해졌다. 아랫목은 뜨끈뜨끈해서 좋은데 방 분위기는 영 아니었다. 외풍이 세다고 사방을 단열 폼블럭 벽지를 붙여서 황토방 분위기는 사라지고, 어느 음식점 방처럼 느껴졌다. 먼저 폼블럭 벽지를 걷어 내었다. 붉은 황토가 이제야 숨을 쉴 수 있겠다고 말하는 듯했다. 빈 책장 하나를 얼굴 높이 위치에 가로로 달았더니 좁은 공간을 넓게 쓸 수 있었고, 보기에도 멋진 장식장이 되었다. 거기에다 미니 선반 가리개를 달고 나니 예쁘고 아기자기한 황토방이 되었다.

　소리댁 황토방 소문을 내니, 경기도에서, 서울에서, 멀리 제주도에서까지 1박 2일, 2박 3일, 4박 5일 다녀가시는 분이 계셨다. 황토방은 꼬미 마을 손님방이 되었다. 네 명이 똑바로 누우면 양옆으로 한 뼘 가량 공간이 생기는 방이다. 무엇보다 기쁜 소식은 이 동네에서 나고 자라 시집간 선배들이 1박 2일 체험하겠다고 연락이 온 것이다. 부모님은 돌아가셨거나 고향을 떠나 계셔서 이 마을에 올 일이 없어진 선배들이다. 그 옛날 어릴 때 함께 놀던 생각이 나서 마음이 그저 뭉클해졌다. 1박 2일 프로그램을 짜서 보냈다. 선택은 그들에게 맡겼다.

 몇 주 내내 내 마음은 온통 선배들을 어떻게 맞이할까로 가득 찼다. 수선화와 화초, 이집트 콥트 가톨릭 교회에서 성탄절 날 할머니가 손주에게 성당 갈 때 만들어 준다는 자몽 껍질로 만든 콥트 십자가가 들어간 촛불로 환영하는 이벤트를 마련하였다. 뒷동산 대나무로 이름표도 만들고, 피톤치드 향기 나는 꼬미 관솔 술잔에 복분자주로 축하 파티를 하자. 선배들도 온갖 먹거리들을 가져 왔다. 서로에게 줄 선물을 갖고 온 선배, 윷놀이를 준비한 선배 등 각자 역할을 맡아서 여러 가지를 준비해 왔다. 두 팀으로 나누어서 윷놀이를 하면서 즐겁게 놀았다. 놀이에서 진 팀이 낸 돈은 훗날 마을 교육용 빔 프로젝터를 사기 위한 기금으로 남겨 두기로 했다. 다음날 아침 선배들은 각자 부모님과 조상님들 산소를 같이 방문한 후, 집으로 돌아갔다. 이 또한 얼마나 뜻깊은 일인가? 우리는 황토방에서 가슴 촉촉한 추억을 회상하면서 사랑하는 부모, 형제, 할아버지, 할머니, 어릴 적 같이 놀던 친구를 만났다.

꼬미 마을
통합생태
프로젝트

황토방 하나로 온 마을이 부자가 된 기분이다. 이 방을 만들어 두고, 얼마 쓰지 못하고 요양원에 가신 어르신께 감사드린다. 그 안타까움 말로 표현하기 어렵다. 어르신이 마을에서 살고 계실 때, 그 사랑방에서 동네 분들 초대하여, 맛있는 음식 만들어서 나누고, 함께 모여 쉬고 놀며 사랑을 나누었다고 한다. 지금 마을에 계신다면 얼마나 기뻐하실까? 한 분의 선견지명이 마음을 따뜻하게 하고, 마을을 풍요롭게 한다. 하루를 살아도 정을 내고, 정을 주며, 정답게 살아갈 수 있는 공간과 사람이 있는 꼬미 마을은 작은 마을이지만, 결코 작지 않은 마을임에 틀림없다.

"그 시작은 보잘것없지만
앞날은 크게 번창할 것이네"

욥기 8,7

생명의
빛을
찾아서

2023. 2. 19.

꿩 솟대들아,
주님을 찬미하여라

사회 생태

꼬미 마을
통합생태
프로젝트

꼬미 마을은 마을을 둘러싼 산의 형상이 꿩이 매를 피하여 엎드려 있는 모습과 비슷하여 붙여진 이름이다. 꿩뫼, 한자 표기식으로는 치산雉山이다. 그래서 도로명은 치산길이다. 꿩을 경상도에서는 '꽁'이라 하고, 뫼를 '미'라고 한다. '꿩뫼'가 세월이 흘러 '꼬미'가 되었으리라. 꼬미라는 말은 지금은 정겹고 다정하게 느껴져서 자랑스럽게 말하지만, 어릴 때는 촌스럽고, 뭔지 모르게 부끄럽게 여겨져서 꼬미 동네에 산다고 말하기보다 행정명인 인안2리에 산다고 말하곤 했다. 꼬미라고 말하면 "어머머, 꼬미가 뭐꼬? 야, 우낀다. 꼬랑댕이가?" 하며 아이들이 놀리기도 했다. 요즈음 사람들이 꼬미를 막내에게 붙이는 애칭으로 많이 사용하는데, 꼬미 마을은 실제로 개진면에서 끝 동네이다.

꼬미 사람들이 가장 많이 먹었던 고기는 아마 꿩고기였을 것이다. 특히 겨울 반찬은 거의 꿩이었다. 그래서일까? 장수마을이다. 내년이면 90세 이상이 열 분이 되고, 마을 인구의 절반이 90세 이상이 된다. 세계적인 재난 코로나 시국이 3년이 지났지만, 꼬미 마을에는 코로나19로 감염된 이가 아직 한 사람도 없다. 아랫마을, 이웃 마을만 해도 사정이 다르다. 이 정도면 청정지역이라고 해도 될 것 같지 않은가? 이렇게 좋은 곳에서 더 많은 사람들이 마을을 아름답게 만들고 가꾸어 마을의 새로운 문화를 이어가기를 바랄 뿐이다.

미래를 꿈꾸며, 지금, 여기에 충실한 삶을 살자. 마을 공동체를 지키는 신앙의 의미보다는 선조들의 전통과 역사를 찾는 예술적인 차원에서 마을 입구에 솟대를 설치하자는 의견을 모았다. 그래서 우리는 솟대로 오리보다는 꼬미 동네를 상징하는 새, 꿩으로 만들기로 했다. 손재주가 좋은 60세가 된 청년?과 80세가 훨씬 넘으신 어르신과의 합작품이다. 작품을 오래 보존하기 위해서 페인트를 칠해야 한다는 의견과 나무의 자연스러운 모습 그대로를 살려야 한다는 의견이 맞섰지만, 어떤 작품은 칠하고, 어떤 작품은 본래 모습 그대로 설치하여 서로의 마음을 잘 담았다. 조율하는 상생과 평화는 우리들의 큰 이념이다.

주민들의 소망과 희망을 싣고 날으는 꼬미 마을 반려새인 꿩, 하루 24시간 의미를 담아 장끼와 까투리 스물네 마리를 세웠다. 주님께서 우리에게 주신 최고의 선물인 시간, 하루의 시간 안에서 주님의 창조물인 꿩들과 주민들은 하루 내내 이 마을 안에서 하나가 된다. 마을에 들어서면 뒷동산에서 자란 누룩나무, 오동나무, 느티나무 그리고 관솔로 만든 솟대 꿩들의 합창이 들리는 듯하다. 실제로도 마을을 둘러싼 앞산, 뒷산에서 꿩들이 "꿩, 꿩, 꿩" 소리 내며 날아다닌다. 온갖 새들이 신명나게 살 수 있는 마을, 주민과 함께하는 반려새 꿩들의 소리가 있

꼬미 마을
통합생태
프로젝트

는 한, 꼬미 마을은 살기 좋은 마을이다.

더불어 꿈을 꾼다. 꼬미 마을에서 지금은 나 홀로 그리스도인이지만, 익명의 그리스도인이 한 사람 두 사람 늘어나서 꼬미 마을에 신앙 공동체가 생기고, 마을 광장에서 다 함께 하느님을 찬미하며, 꿩들의 노랫소리 들으며, 미사 전례를 하는 그날이 오기를 간절히 소망한다. 이것이 고향으로 돌아온 또 하나의 연유이다. 오늘도 나에게는 꿩 솟대가 주민들의 마음을 하느님께로 활짝 열어줄 성령의 비둘기처럼 보인다. 성령으로, 성령으로 이끌어 주소서!

"하늘의 새들아, 사람들아, 모두 주님을 찬미하여라"

다니 3,80-82

2023. 2. 26.

생명 나무,
노고산 애기단풍

자연 생태

꼬미 마을
통합생태
프로젝트

서강대학교 뒷동산, 노고산은 가을이면 단풍이 아름답다. 어느 날 마산에 살고 있는 벗이 노고산 성지 순례를 왔다. 학교 내 노고산 성지가 있다고 했다. 당시 신학대학원을 다니고 있었지만 금시초문이었다. 다시 한번 더 깜짝 놀랐다. 친구와 함께 학교에 가서 보니, 정문에 들어서자 왼쪽 언덕에 앵베르 주교님, 모방 신부님, 샤스탕 신부님 순교 현양비가 있었다. 그날 이후, 등굣길은 나에게 늘 성지 순례였다. 학교에 들어서면, 제일 먼저 한국의 103위 순교 성인들께 우리나라를 위하여 기도하고, 예수회 창립자 이냐시오 성인께 학교 공동체를 위하여 빌고, 나의 공동체 AFI를 위하여 뱅상 레브 신부님께 기도드렸다.

2년 전 공동체 연피정을 예수회센터에서 하게 되었다. 학교 다닐 때 뒷동산 가서 점심 먹고, 소풍 가던 추억이 떠올라 날마다 노고산으로 산보를 다녔다. 노고산은 예수회 한 신부님께서 일평생 숲을 가꾸셨다고 했다. 그 현장을 몇 차례 목격했다. 봄이면 허전한 터에는 나무를 심으셨다. 산에 흙이 흐트러지지 않게 줄기 식물을 심어 놓고, 산 중허리까지 물동이를 들고 오셔서 물을 주고 계시는 모습을 본 적도 있다. 누군가의 수고로 아름다움과 풍요로움을 누릴 수 있어서 감사드렸다. 봄부터 꽃이 피기 시작하면 매화, 개나리, 남산제비꽃, 황매화, 패랭이꽃, 싸리꽃, 갖가지 단풍이 마음을 머물게 했다.

순교의 얼이 담긴 노고산과 남쪽 하늘 아래 경상도 작은 마을, 꼬미 마을과 좋은 인연을 맺고 싶었다. 산을 오르다 보니 씨앗이 떨어져 여기저기서 새싹으로 올라오는 애기단풍이 눈에 들어왔다. 피정 끝나기 하루 전

날, 빛깔과 색이 아름다웠던 단풍나무 주변에서 올라온 싹을 손으로 뿌리가 상하지 않게 살살 뽑아 올렸다. 여태 숲을 가꾼 신부님께 양해를 구해야 마땅할 것이나, 아마 기쁘게 분양해 주시리라 믿으며 노고산 성지 하늘 위로 감사의 마음을 전했다. 22그루 애기단풍은 예수회센터에서 하룻밤을 자고 다음날 장거리 여행을 했다. 어린 싹이라 22그루라 해도 한 주먹 안에 들어왔다. 애기단풍과 나는 시외버스 안에서 내가 졸 때도, 쉴 때도 끊임없이 산소와 이산화탄소를 주고받았다. 우리는 한 호흡 안에서 둘이 아니라 이미 하나가 되었다. 생명은 들이쉬고 내쉬는 호흡 간에 있다. 들이쉬고 내쉬지 않으면 죽음이요, 내쉬고 들이쉬지 않으면 바로 죽음이다. 나무에 인간의 생명이 달렸다.

꼬미 마을
통합생태
프로젝트

 생명을 보살피는 마음은 관심과 배려이다. 한여름 땡볕이 너무 강렬해서 어린 나무가 살아남을 수 있겠나 싶어서 우리집에서 이틀 밤을 보내고, 마을 광장 샛터 꽃밭에 삶터를 마련해 주었다. 어느 날 단풍나무 숲을 이룰 때, 꼬미 마을은 제2의 노고산이 되리라. 노고산에서 자생하던 단풍이 어떻게 꼬미 마을에서 살고 있을까? 그 생태 역사를 설명할 날이 오리라. 에밀 타케 신부님께서 우리나라 여기저기 제주 왕벚나무를 심으셔서 지금 우리가 왕벚나무 탐방을 하듯이, 단풍나무는 꼬미 마을 생태 지도에 한자리를 차지할 것이다.

강렬한 여름, 물기 없고 차가운 겨울 두 해를 보내고 애기단풍은 10그루 살아남았다. 너무 어린 나무라 눈에 잘 띄지 않아서 혹시 누가 밟을까 봐, 나무젓가락으로 단풍 1, 단풍 2, 단풍 3… 팻말을 붙여 놓았다. 한 그루, 한 그루 사라질 때마다 보살핌과 사랑이 부족했구나 싶어서 마음이 무너져 내린다. 꼬미 마을에 생명을 주는 나무, 노고산 단풍나무에 온갖 새들이 지저귀고, 나무 아래서 전국 팔도 사람들이 기념사진을 찍는 그날을 기다리며, 오늘도 꼬미 마을에 꿈과 희망을 심는다.

"동산 한가운데는 생명 나무와,
선과 악을 알게 하는 나무를 자라게 하셨다"

창세 2,9

2023. 3. 5.

오르막 둘레길
내리막 영적 여정의 길

사람 생태

꼬미 마을
통합생태
프로젝트

    2020년 9월 말 고향으로 돌아와서 몇 개월 보내고 난 후, 귀향 첫 새해를 맞이했다. 새 삶터에서 어떤 부르심이 있으실까? 전·진·상 全眞常 영성 수련 7박 8일을 기획해서 집에서 개인 피정을 하였다. 8일간의 식사 메뉴를 미리 짜 놓고, 규칙적인 몸기도, 산보, 청소, 성무일도 Divine Office, 미사와 다섯 번의 기도 시간을 포함한 일정표에 따라 수련을 시작하였다.

  첫날은 몸과 마음의 긴장 풀기, 둘째 날은 오감으로 창조 세계 관상, 셋째 날은 타격아 打擊我, 포기, 타도아 打倒我,

겸손, 타사아打死我, 순명, 넷째 날은 온전한 비움全犧牲, 다섯째 날은 진실한 사랑眞愛人, 여섯째 날은 항구한 기쁨常喜樂, 일곱째 날은 삶의 자리에서 참 행복眞福八段, 여덟째 날은 모든 것 안에서 하느님 발견Finding God in all things에 관한 성경 구절들을 묵상했다.

넷째 날, 버림과 따름에 대한 묵상을 하다가 뒷동산 길 이름이 떠올랐다. 뒷산은 3가지 형태의 길이다. 오르막길이 15분, 평평한 둘레길이 10분, 그 후론 내리막이 10분 정도이다. 반환점을 돌아오면 왕복 한 시간 남짓 걸리는 산봇길이다. 오르막은 숨을 헐떡이며 정상을 향한 끊임없는 도전이 일어나고, 둘레길은 안정되고 평탄한 쉼의 여정, 내리막은 비우고 내려놓아, 또 다른 형태의 삶을 누리는 순간이다. 마치 우리의 인생길과도 같고, 영적 여정과도 어울린다.

그리스도인들이 회심하여 세속적인 가치를 벗어나 하느님께 의탁하는 교회의 전통적인 영적 성숙의 여성, 성덕 진보의 3단계가 떠올랐다. 정화의 길, 조명의 길, 일치의 길이다. 이 여정은 모든 그리스도 신앙인의 궁극적인 지향점이다. 성령에 자각된 자아는 이 길을 걷고자 한다. 보나벤뚜라1217-1274는 정화되고 싶다면 양심의 가책에 의지하여 자신을 단련시키라고 한다. 조명되고 싶다면 지성의 빛에 의지하여 죄를 용서받았음을 드러내라고 한다. 완전한 일치를 얻고 싶다면 지혜의 작은 불꽃에 의지하여 피조물에 대한 모든 사랑을 우리 마음에서 남김없이 뽑아 버리라고 한다. 3가지 길로 나아가는 방법은 묵상독서, 기도, 관상이라고 말하고, 내적 여정의 목적은 평화의 안식좌품천사, 진리의 빛케루빔, 사랑의 감미로움세라핌을 얻기 위한 것이라고 한다.

꼬미 마을 뒷동산 오르막길에서 몸과 마음과 영혼의 정화를 꿈꾼다. 지은 죄 때문에 수치스러워 하며, 유혹에 맞서 싸우고, 적극적으로 십자가 따름을 열망한다. 둘레길, 조명의 길에서 고통을 받고 계신 분이 누구신지 생각하고 믿음으로 자신을 내맡기며, 깊은 통찰력을 갖고, 용서받은 잘못에 대한 은혜의 빛의 범위를 확장한다. 내리막길을 걸어가면서 하느님과의 합일, 일치를 희망하며, 영혼의 친교 안에서 늘 주님을 바라고 찾고, 열망하며 기뻐하고 매달리고 있음을 고백한다.

    피정을 마치고, 아버지께 왕복 6개의 팻말을 부탁드렸다. 오르막 : 정화의 길, 포기의 길, 십자가의 길/ 둘레길 : 조명의 길, 겸손의 길, 부활의 길/ 내리막 : 일치의 길, 순종의 길, 육화의 길이다. 꼬미 마을은 이제 우리들만의 공간을 넘어서서 지친 영혼의 쉼터, 안식처가 되고자 한다. 지금은 언제나, 누구에게나 관솔과 함께하는 쉼 & 회복 여정이 마련되어 있다. 산길을 오를 때마다 성모님처럼 내 영혼이 주님을 찬송하고 내 마음이 나의 구원자 하느님 안에서 기뻐 뛴다. 이보다 더 행복할 수는 없다.

"하느님께서 보시니 좋았다."

창세 1,10

2023. 3. 12.

마을 유래석

사회 생태

꼬미 마을에 뜻밖의 반가운 소식이 들려왔다. 개진면 한 마을에 유래석을 선물한다는 것이다. 우리 마을이 선정되었다. 마을 이름의 유래, 마을의 특징, 마을의 자랑거리를 담고 3개의 디자인 중에 마을의 특징과 유사한 것으로 주민들이 투표하여 선택했다. 마을 입구에 2m도 훨씬 넘고, 보기에도 어마어마한 돌로 된 유래석이 도착했다. 그 무게감과 육중함을 보고 깜짝 놀랐다. 마을 광장이 하도 넓어 망정이지, 작았더라면 좀 과장하면 마을이 유래석에 덮일 뻔했다. 지금까지 이렇게 큰 유래석을 본 적이 없다. 주민이 아닌 외

꼬미 마을
통합생태
프로젝트

부의 손을 빌린 첫 번째의 작품이다. 언젠가는 우리 손으로 디자인하여 마을 역사에서 묻히고 잊혀진 이야기들을 담고 싶다.

우리 마을은 성부, 성자, 성령 삼위일체처럼 이름이 셋이다. 행정명은 인안仁安2리, 한자식으로 치산稚山동, 순수한 우리말로는 꼬미 마을이다. 조상들의 산소를 통해 추산이 가능한 데까지 올라가 보면 약 270여 년이 된 마을로 추정한다. 마을 주변에 동북쪽 산 능선에 두 개의 봉우리가 솟아 있는데 꿩이 두 개의 알을 품고 있다고 하여 '이란二卵'이라 불리다가 '인안'으로 바뀐 이름이다. 세 이름 모두 꿩과 관련되어 있으니 꿩 마을인 셈이다. 1900년고종 43년에 고령군으로 편입되기 전에는 현풍군 진촌면에 속해 있었다. 1914년 행정 구역 개편에 따라 고령군 개진면 치산동이었다가, 1988년 5월 1일에 개진면 인안 2리가 되었다. 행정명은 모두 1리, 2리로 묶어버려 마을마다 고유한 이름이 사라질 형편이다. 마을의 특징과 정겨움이 묻어 있는 새마실, 독실, 반나실, 뱃가, 구실, 잠미, 옥새미, 오실, 반쟁이 등 듣기만 해도 그 마을

이 그려지는데 인안 1리, 인안 2리, 부동 1리, 부동 2리로 불리워 지니 도대체 어디가 어딘지 모르게 되었다. 한 세대 지나고 고유한 이름을 아는 사람이 사라지면 자연스럽게 마을의 역사도 함께 사라질까 봐 매우 안타깝다. 심지어 한 리 안에 두세 개 마을이 묶여 있으니 작은 마을은 존재감이 없어진다.

우리 마을은 낙동강변 마을이라 다리가 없던 시절에는 노를 젓거나 기계를 장착한 통통배가 있었다. 여름에 홍수가 나거나 겨울에 강물이 얼어 버리면 고립되는 마을이었다. 고령군 개진면에는 중학교가 없어서 달성군 현풍읍으로 유학?을 다녔다. 학교 가다가 강물에 책가방을 빠트려서 책이 몽땅 젖어 버렸던 기억도 있다. 겨울에는 강물이 줄어서 배가 모래톱 위에 얹혀서 지각하기 일쑤였다. 몹시 추울 때는 강 전체가 얼어서 얼음 위를 걸어가다가 우지직 얼음이 갈라지는 소리가 나면 수영도 못하는 나는 눈앞이 캄캄해지고 하늘이 노래진다. 홍수가 시작되면 학교 방송에서 "개진면에 사는 학생들은 강물이 붇기 시작하니 지금 가방을 챙겨서 집으로 가세요."

한다. 친구들은 "야, 니들은 좋겠다. 공부 안 하고 집에 빨리 가서…" 하며 부러워했다. 부러움도 잠시 다음날 학교 가서 진도가 많이 나간 수업을 따라가려면 멍해진다. 통학 거리도 줄이고, 갑자기 집으로 가라고 하는 시간도 없앨 겸, 중학교 3학년 때는 현풍 읍내에서 친구랑 한 달간 자취를 한 적도 있다. 부모님이랑 처음으로 헤어지는 그날, 나루터까지 경운기를 타고 가면서 엄마랑 얼마나 울었는지… 어린 마음에도 이제 헤어지면 다시는 집으로 돌아올 일이 없을 것 같아서 더욱 그랬다. 그때를 생각하니 글을 쓰는 지금도 이슬이 맺힌다. 추억 속의 그날이 새롭다.

  마을은 한 인간의 삶의 터전이고 평생 마음의 고향이다. 희로애락이 묻어 있고, 삶의 애환이 담겨 있다. 엄마의 탯줄처럼, 한 인간의 사회적 탯줄이다. 사회적 탯줄에 주민 모두가 연결되어 있다. 혼자서는 마을을 이룰 수가 없다. 마을은 공동체일 때 의미가 있고 함께일 때, 존재의 가치가 살아난다. 더불어 꼬미 마을에 말씀이 살아 숨쉬는 그날을 꿈꾼다.

꼬미여, 생명의 말씀으로 새롭게 태어나라.

"예수님께서는 고을과 마을을 두루 다니시며
하느님의 나라를 선포하시고 그 복음을 전하셨다."

루카 8,1

꼬미 마을
통합생태
프로젝트

2023. 3. 19.

생태 지도

자연 생태

꼬미 마을 주변에 누가 누가 살고 있을까? 언젠가는 꼬미 마을 생태 지도를 만들리라. 서울 명동에 살 때 남산의 4계절에 찾아오는 자연 벗들의 이름을 익히기 위해 사진을 찍어 모야모 앱에 물어보곤 했다. 어떤 이름은 찾아볼 때 그때뿐이었고 똑같은 이름을 반복적으로 잊어버리면 그 벗에게 미안한 마음이 올라온다. 사람 관계에서도 마찬가지이다. 열린 마음을 접어두고 선입견이나 편견을 갖고 만나면 있는 그대로의 존재를 만날 수가 없다. 그럴 때면 늘 뒤통수가 켕긴다.

귀향한 그해 말에 뒷동산에 임도林道가 생겼다. '오호라, 산림청에서 때를 맞추어 나를 위해 산봇길을 마련해 주었구나' 진심으로 감사드렸다. 예전에 소 먹이러 가던 길, 초등학교 다니던 그 길들은 사라진 지 이미 오래되었다. 마을이 온통 산으로 둘러싸여 있지만, 멀리서 바라볼 수밖에 없었는데, 이보다 더 좋을 수가 없다. 등산을 가자고 하면 자다가도 일어나 갈 정도로 산을 좋아하는 나로서는 길이 생겼다는 것 자체만으로도 가슴이 뛰고 설레였다.

봄에는 누가 살까? 어릴 때 지천으로 깔려 있던 할미꽃은 어디로 갔을까? 또 제비꽃은 어디로 사라졌을까? 세월 따라 그들도 도회지로 나갔을까? 꽃대가 동그라미를 그리며 앉아 있는 노란 앉은뱅이꽃들이 드문드문 길가에 보였다. '너, 처음 보는데 반갑구나' 갑자기 서강대 뒷동산인 노고산에 군락을 이룬 남산제비꽃이 그리워졌다. 겨우내 움츠렸다가 봄이면 여지없이 제일 먼저 나를 맞이해 주던 꽃이다. 이제 노란 앉은뱅이꽃이랑 친해져야겠다. 복사꽃이랑, 참꽃이라 부르던 진달래, 너는 여전

꼬미 마을
통합생태
프로젝트

히 자리를 지키고 있구나, 참 고맙다.

여름에는 누가 살까? 산허리 길을 지나가 골짜기를 내려가면 산딸기가 길 주변을 온통 붉게 물들인다. 산딸기에 대한 추억들이 떠올랐다. 소 먹이다가 배가 출출할 때면 산딸기나무에 옹기종기 붙어서 맛있게도 냠냠 먹던 기억들과 산딸기 가시에 찔려 어쩔 수 없이 그 맛난 딸기에서 멀어져야 했던 아쉬움도 올라온다. 그 산딸기를 이 길에서 만나다니… 지금은 찾는 이 드문 산길에서 너 홀로 열매 맺고 있구나 싶었다.

가을에는 누가 살까? 싸리나무가 산허리 길에 축대처럼 여기저기에 있고, 연분홍 작은 꽃이 피어 있다. 흔하게 보던 꽃이고, 싸리나무를 엮어서 마당비로 사용했지만 귀하게 여기지는 못했다. 올해는 그 고마운 싸리나무를 다시 만나고 싶다. 자주 보던 싸리나무 대신 처음 본 배풍등에 눈이 갔다. 앵두보다 작은 빨간 배풍등 열매가 조롱조롱 매달려 햇빛을 받아서 반짝이고 있다. 이 길은 '배풍등길'이라고 이름까지 붙여 주었다. 창조주 하느님께서는 모든 존재를 귀하게 여기실 텐데…

호젓한 겨울은 간간이 참새들의 합창과 더불어 늘 푸른 소나무와 잎을 떨군 나무들이 한 계절을 지켜 내고 있다. 새롭게 살기 위해 온전히 비우는 시간이다. 다시 살기 위해 나이테를 하나 더 만들고 뿌리도 더 깊이 내려서 더 단단하게 살기 위한 준비이다.

꼬미 마을 자연 벗들이 한 해 동안 심심할 틈도 없이 다양한 모습을 보여 주고 있고, 한결같이 찾아와 주는 한, 인생은 맛이 난다. 생태 지도가 완성되는 그날을 위해 나 또한 성실하게 나의 삶의 자리를 지키리라.

꼬미 마을 통합생태 프로젝트

"그분께서는 계절과 축일을 정해 놓으셨다"

집회 33.8

2023. 3. 26.

어린이집 아가들이 출현하던 날

사람 생태

대구 시내에서 어린이집을 운영하고 있는 후배가 부모님의 옛 집터를 허물고 난 자리에 주말 농장처럼 유기농 쑥 재배를 시작했다. 쑥씨를 뿌리고 남은 땅에는 고구마, 땅콩, 수박을 심어 어린이들의 체험 학습장으로 이용한다. 두 살배기 아기부터 다섯 살짜리까지 노란 차에 타고 마을 공동 주차장에 내리던 날, 온 동네 할머니들이 신기해서 구경을 나오셨다. 마을에서 이런 아기들을 못 본 지가 수십 년, 이 마을에서 태어난 마지막 인물이 1997년생이다. 꼬미 마을을 고향으로 여길 최후 주자인 것이다. 이 아름다운 곳을 기억할 사람들이 점점 사라지고 있다는 것이 가슴 한켠을 텅 비게 만든다.

오늘은 ○○ 어린이집에서 3세에서 5세 유아들이 감자 캐러 오는 날, 감자를 캐러 가기 전에 잠시 저희 집, 관솔 치유의 집을 방문하기로 되어 있었다. 무엇으로 아기들을 환영할까? 우선 화초와 꽃으로 장식한 나무 게시판을 만들고, 그동안 배운 캘리그라피로 '환영합니다. ○○ 어린이집 어린이 여러분'을 써서 마당 입구에 세웠다. 후배에게 아이들과 선생님들의 명단을 받아서 집 뒤에 있는 작은 대나무를 잘라 달님 반 ○○○, 해님 반 ○○○, 별님 반 ○○○ 이름을 적어서 막대기에 조롱조롱 걸었다. 간식으로 무엇을 할까? 텃밭에서 직접 딴 복분자로 주스를 만들어 두었다. 마당에는 전시관처럼 원형을 만들어 동물 종류의 관솔 작품들만 골라서 둥근 나무 의자 위에 올려놓았다. 마당 한가운데는 바다에서 온 조개껍질, 소라껍질을 한 바구니 담아 장식해 두었다. 누군가를 기다리고 환영하는 것은 이렇게 기쁜 일이다.

멀리서부터 재잘재잘거리는 소리가 들린다. 둘씩 손

꼬미 마을
통합생태
프로젝트

을 잡고 집으로 들어오기 시작했다. 내 아버지를 보고는 배꼽 인사를 하며 "안녕하세요, 할아버지" 하는데, 이것이 꿈인가 생시인가 싶었다. 어찌나 귀엽던지… 대나무 이름표를 얼른 찾는 친구도 있고, 전혀 관심이 없는 친구도 있었다. 선생님들이 아기들의 이름을 연신 부르며 다칠까 봐 뭐라고 뭐라고 이야기를 하지만, 아이들은 살판났다. "선생님, 이것은 뭐예요? 저것은 뭐예요? 이것은 왜 이렇게 생겼어요? 얘는 왜 누워 있어요?" 한바탕 소란이 끝나고, 선생님이 "얘들아, 간식 먹자" 하자, 쪼르르 모두가 평상 위로 올라앉았다. 평상 아래 신발들도 가지런히 놓여져 신발끼리도 서로 다정하게 이야기하는 것처럼 보였다. 아기들은 각자가 메고 온 가방을 열어 간식을 꺼내기 시작했다. 준비해 둔 복분자 주스를 주었더니, 한 아이가 "왜 아무 맛이 없어요?", "시큼해서 싫어요", "이게 무슨 맛이예요?" 한다. 순간, 당황스러웠다.

해님 반이 골목에 등장하자, 선생님은 "별님 반, 어린이 여러분, 이제 떠날 준비하세요" 하니 자연스럽게 짝을 찾아 손을 잡기 시작했다. 할아버지는 준비해 둔 선물을 하나씩 하나씩 아이들 목에 걸어 주셨다. 관솔로 만든 목걸이이다. "어린이 여러분, 향기를 맡아 보세요" 몇몇이 대답한다. "향기 좋아요", "무슨 향기일까요?", "몰라요", "소나무 향기예요. 소나무 알아요?" 이구동성으로 "네에, 알아요" 외친다. 오늘만큼은 사람 소리 들리는 마을이다. 이 아가들이 자라서 이 마을을 기억해 낼 수 있을까? 그래도 아가들의 몸은 기억할 것이라 믿는다. 봄이면 감자 캐러, 여름이면 수박 먹으러, 가을이면 고구마 캐러 오는 아기들이 있는 한, 마을은 웃음꽃이 피고, 아주 젊고 싱싱하고 꿈이 있는 푸른 마을이 된다. 아가들아, 예수님처럼 자라다오.

꼬미 마을
통합생태
프로젝트

"아기는 자라면서 튼튼해지고 지혜가 충만해졌으며,
하느님의 총애를 받았다."

루카 2,40

2023. 4. 2.

효자상

사회 생태

생명의
빛을
찾아서

꼬미 마을 입구에 평양조씨 문중 효자비가 있다. 1929년에 고령군수로부터 받은 효자상을 1991년도에 그 아드님이 아버지를 기리기 위해 세운 비석이다. 놀라운 것은 비석을 세울 때 나누어준 비문과 효자상 사본을 마을 노인 회장님께서 30여 년간 고이 간직하고 계셨다. 1937년생인 노인 회장님은 본인의 부친으로부터 상장을 받은 조희송 어르신에 대한 이야기를 종종 전해 들었다고 하셨다. 이 작은 마을에도 이렇게 훌륭한 효자가 살고 계셨구나 싶어서 마음이 뿌듯했다.

반가운 마음에 상장을 들고 빽빽하게 쓰인 한자漢字를

떠듬떠듬 읽어 내려가노라니, 그 뜻을 도대체 알 수가 없었다. 간간이 한글로 조사가 끼어 있어서 반갑기도 하였지만 뜻을 이해하는 데는 아무런 도움이 되지 않았다. 전혀 알 수 없는 몇몇 한자들과 해석 앞에서 잠시 나의 실력을 탓했다. 효자 비문은 내용을 더 알 길이 없었다. 이 일을 어떡하나? 비석도 새롭게 단장을 하고 안내판도 세워서 마을을 찾는 사람들에게 자랑하려면 상장과 비문이 무슨 내용인지를 알아야 사람들에게 알릴 수 있지 않는가? 참으로 난감하다.

성령의 빛처럼 뇌리를 스치는 분이 계셨다. 이분에게 도움을 요청하자. 독일에서 중국사를 전공하신 역사학자 장정란 교수님이다. 현재 한국 AFI 역사서를 편찬하고 계신다. 교수님께서 기꺼이 풀이를 해 주시겠다고 하였다. 해석한 내용을 보고 깜짝 놀랐다. 기존 우리가 보아 온 상투적인 표창장의 내용과는 너무 달랐기 때문이다. 이것이야말로 진심으로 효자를 칭송하는 상이구나 싶었다. 다름 아닌 행정 기관에서 준 상장의 내용이 이렇게 아름다울 수도 있는가? 일제강점기에 받은 상이라 종칠위 훈칠등이라는 일본식 계급이 있어서 약간 불편한 마음도 있지만, 그 내용만은 높이 사고 싶었다. 오늘날 우리도 배울 수 있는 좋은 기회라 여겨져, 전문을 옮겨 본다.

표창장

고령군 개진면 인안동 126번지

조희송

1886년 5월 25일생

본인은 본래 품성이 따뜻하고 공손하고 독실하며 근검을 힘써 실천해 왔다. 어려서부터 효심이 지극해서 먹을 것이 생기면 자신이 먹지 않고 반드시 부모에게 공양하였다. 칠 년 전부터 홀아비 부친이 신경마비에 걸려 결국 반신불수가 되어서 움직임이 자유롭지 못하고 말하기 역시 불가능하였다가 마침내 벙어리가 되고 말았다. 칠 년의 긴 세월을 병석에 누워 지냈으나 조그만큼의 귀찮은 기색도 없이 지극한 정성으로 병구완을 하였다. 밤낮을 불문하고 대소변을 제 손으로 치우며 잠시라도 딴 사람에게 맡기지 않았다. 가세가 가난했지만 병든 아버지가 좋아하는 음식은 반드시 공양해서 칠 년을 하루 같이 보냈다. 부친이 병이 든 이래로 이틀 간 출타한 일이 없고, 동생과 처자가 있음에도 야간의 간호를 안심할 수 없다 하며 자신이 지성으로 병구완 하니 모든 이에게 모범이라 일컬을 수 있겠다. 이에 금일봉을 수여하며 이 사람을 표창한다.

1929년 3월. 고령군수 종칠위 훈칠등 김진희

효자상과 비문을 PDF파일로 정리하고 해석과 함께 현재의 비석도 사진을 찍어서 파일을 만들어서 후손들에게 전달하였다. 연로하신 부모님은 당연하게 요양원에서 일생을 마치는 요즈음에 이 효자를 기억하며 부모님에 대한 사랑을 키워 나가기를 다짐해 본다.

> "주님을 경외하는 이는 아버지를 공경하고
> 자신을 낳아 준 부모를 상전처럼 섬긴다."
> 집회 3,7

2023. 4. 9.

고령기와 꽃밭

자연 생태

생명의
빛을
찾아서

꽃과 나무는 마음을 화사하게, 마을을 아름답게, 지구를 평화롭게 한다. 꽃밭이 많을수록 인간의 호흡은 깊어지고, 마을 모습은 생기를 찾고, 지구의 생태는 조화와 균형을 이룬다. 꼬미 마을에도 사시사철 살아 있는 생명수로 생명을 불어넣자. 눈에 띄는 공간이 네 곳이다. 마을 회관 좌우면과 마을 광장 가로세로 면이다. 세 곳은 흙으로 되어 있어 가장자리만 만들면 되는데, 아스팔트로 된 광장 한쪽 면이 과제다. 유래석과 큰 벤치 두 개가 자리를 차지하고 있어도 50m 이상 되는 공간이 남아 있다. 아스팔트를 부수고 깨는 기계와 부순 폐기물을 옮기고 흙을 채우는 포크레인의 도움 없이는 불가능하다. 기계와 기술자에 대한 고마움을 느끼는 시간이다.

마을의 얼굴인 광장을 어떤 모습으로 변신시킬까? 넓은 광장에 우리들의 그리움을 담고 심자는 아이디어도 있었다. 광장 한가운데를 원형으로 마을 동산처럼 꾸미고, 달성보 준공으로 사라진 하얀 모래밭과 버드나무숲 그리고 피래미 잡던 샛강, 강 개울을 만들자는 것이다. 이 모습을 기억하던 이들은 생각만 해도 마음이 촉촉해지고 그 시절이 그리워질 것이고, 마을을 방문하는 낯선 이들은 마을의 옛 모습을 상상할 수 있을 테다. 멋진 생각이긴 하나 공간을 효율적으로 쓰는 데 장애가 된다는 이유로 이 아이디어는 보류하기로 했다.

아스팔트를 깨고 부수는 날 기계음이 온 마을을 진동시켰다. 마치 아스팔트 아래 흙들이 '아, 이제 제대로 숨을 쉴 수 있겠구나'라고 포효하는 땅들의 아우성처럼 들렸다. 내 마음 같아서는 한 면이라도 온전히 다 깨부수었으면 좋을 것 같은데, 관리와 비용 문제로 구역을 짓고

꼬미 마을
통합생태
프로젝트

공간을 띄워서 각각 2m가 넘는 총 7개의 꽃밭을 만들었다. 작은 꽃밭 중간중간에는 장승을 만들고 남은 큰 소나무를 배치하여 벤치를 만들었다. 기쁨과 즐거운 소일거리로 꽃밭 하나하나마다 관리 책임자로 8, 90세 할머니들로 하고, 오실댁, 서촌댁, 대실댁, 창녕댁, 구실댁, 삼대댁, 환터댁 택호로 명패를 붙이기로 했다. 매일 마을 회관에 모여 팀을 짜서 윷놀이를 하고, 저녁밥을 함께 지어 드시는 밥상 공동체 식구들이시다. 네 분은 이미 90세 이상이시고, 내년이면 모두 90세 이상이 된다. 디자인을 정하지 못해 아직 명패를 달지 못했다. 올해 안으로 해결이 되기를 간절히 희망한다.

가장자리를 무엇으로 장식할까? 흔한 벽돌보다 기와이면 최고일 것 같다. 우리가 사는 개진면 내에 자랑스러운 기와 공장이 있다. 전국 문화재 지붕으로 사용하는 '고령기와'이다. 마침, 이사님이 이 동네 분이다. 네 공간의 가장자리용으로 390여 장을 기증받았다. 문화재용 기와로 이 작은 촌 동네 마을 꽃밭을 단장하던 날, 얼마나 뿌듯하고 어깨에 힘이 들어가든지… 몇몇 구역은 고령기와라고 적혀 있는 면을 일부러 밖으로 보이게 했다. 알리거나 기록하지 않으면 묻히기 일쑤다. '꼬미 마을 꽃밭을 고령기와로 만들었어요.' 마을 어딘가에 기록하거나 새겨두고 싶다.

꼬미 마을 에덴동산, 기와 꽃밭이 해가 갈수록 풍요롭고 풍성해진다. 각자 집에서 가져와서 심기도 하고, 마을 주변 산에 사는 나무를 옮겨 오기도 하고, 최소한 몇 나무들만 꽃시장에서 왔다. 봄부터 갖가지 생명체들이 말을 걸어오기 시작하면 온 마을은 이야기꽃으로 피어난다. 애기능금, 금은화, 철쭉, 꽃잔디, 개나리, 남천, 소나무, 노고산 단풍, 맨드라미, 백일홍아, 꼬미 마을을 선하게 함께 지켜 나가자꾸나.

꼬미 마을
통합생태
프로젝트

"주 하느님께서는 보기에도 탐스럽고 먹기에 좋은
온갖 나무를 흙에서 자라게 하시고,
동산 한가운데에는 생명 나무와,
선과 악을 알게 하는 나무를 자라게 하셨다."

창세 2,9

2023. 4. 16.

탁구

사람 생태

생명의
빛을
찾아서

혼자서는 절대로 할 수 없는 운동이 있다. 짝이 있어야 할 수 있는 탁구이다. 짝이 있더라도 공을 받아서 넘길 수 없다면 이 또한 허사이다. 마을에 탁구대가 필요하다고 하니까 동생이 선뜻 선물해 주었다. 마을 회관 창고의 짐들을 깨끗이 정리하고 탁구대를 놓을 공간을 마련했다. 한 후배는 운동하면서 마실 물과 커피를 선물했다. 몸으로 마음으로 물질로 마을 분위기가 따뜻해지고 풍성해진다.

하루 일과를 마치고 탁구장으로 갔다. 선배 언니는 처음으로 탁구를 친다고 한다. 탁구대 위에서 공이 오가는 횟수보다 공을 주우러 가는 횟수가 더 많다. 그래도 재미있다. 어릴 때 배워서 공을 받아넘기는 수준이지만, 내가 제일 좋아하는 탁구를 함께 칠 수 있어서 그 기쁨은 말로 표현할 수가 없었다. 처음 탁구를 배우던 때가 기억난다. 초등학교 5학년 때, 교생 실습 온 선생님이 가르쳐 주셨다. 그때 탁구부가 생기고, 첫 가르침을 받던 우리는 이름하여 탁구 선수가 되었다. 방과 후에 연습하고, 방학 내내 연습하여 군내 탁구 경기에도 출전했다. 탁구를 제일 잘 치던 친구들이 지는 바람에 나는 경기에 나가서 라켓을 잡아보지도 못했다. 탁구를 쳐 본 경험 하나로 중학교 때도 학교 대표로 경기에 나간 적이 있다. 물론 그때도 앞 선수들이 지는 바람에… 하하하……

꼬미 마을
통합생태
프로젝트

　말로만 선수였지, 내게는 탁구 놀이였다. 그저 탁구공을 가지고 탁구대 위에서 노는 것이 좋았다. 그나마 또래 친구보다 잘할 수 있고 자존감이 올라가는 것이 탁구였다. 오자미 차기, 공기놀이, 고무줄놀이 등 모든 놀이에서 나는 깍두기였다. 제일 못하니까 늘 이편에도 끼이고, 저편에도 끼인다. 나는 가을 운동회가 제일 괴로웠다. 운동회 때 달리기는 빠질 수 없는 필수 종목이다. 여섯 명이 달리면 늘 4등이나 5등, 한 번도 상을 타 본 적이 없다. 딱 한 번, 3등을 했다. 손님 찾기에서 엄마와 함께 달리기였는데, 다른 아이들이 과제를 푸는 동안, 엄마를 찾아서 결승점으로 뛰어 갔다. 내 인생에 있어서 운동회 때 받은 유일한 상이다.

후배는 탁구를 제법 잘 쳤다. 탁구공을 경쾌하게 주거니 받거니 하면서 우리의 우정도 깊어진다. 날마다 탁구를 치고 싶으나, 함께할 동지를 찾는 일이 과제이다. 할 만한 사람은 바빠서 시간이 없고, 어떤 이는 한 번도 쳐 본 경험이 없어서 아예 시작조차도 해 보지 않으려고 하고, 누구는 전혀 관심이 없고, 누구는 다리 아프게 그것을 왜 하냐고 하고, 하도 답답해서 이름 모를 병으로 걷기가 힘든 한 선배님도 탁구대 앞으로 초대했다. 순발력을 필요로 하는 아찔한 순간을 경험한 후, 즐겁게 기쁘게 놀자고 한 운동이 자칫하면 넘어져서 사고 날까 봐, 다시는 탁구를 치자고 권유하기에는 무리였다.

탁구가 우리들의 마음과 생각을 엮어 주는 매개체

가 되기를 바랐다. 탁구 치자고 하는 밑 마음은 75세 이하 젊은이들이 함께 모여 운동하면서 몸의 건강도 회복하고, 자연스럽게 대화의 장이 되기를 바라는 것이다. 공간과 매개는 준비되었으니, 서로 시간을 내고 마음을 내는 일이 남았다. 한 일터에서는 점심시간을 이용해서 직원들이 탁구를 치고, 매년 한 번씩 탁구 대회를 개최하는 곳을 보았다. 직원들의 심신도 단련되고, 단합과 협동심이 살아나는 건강한 모습이었다. 멀지 않은 어느 날, 꼬미 마을에 탁구 대회가 열리는 날을 고대한다. 벗들이여, 함께 탁구치시게요.

꼬미 마을
통합생태
프로젝트

"오시오, 우리 함께 만납시다"

느헤 6,7

2023. 4. 23.

꼬미여장군

사회 생태

무엇으로 마을이 변했다는 것을 알 수 있게 할 것인가? 속 살림살이는 쉽게 알 수 없으니 우선 시각적인 변화를 시도하자. 마을 회의에서 누군가가 지역 간 경계표나 이정표 구실을 하는 장승이 있으면 좋겠다는 아이디어를 냈다. 마을 뒷산에 100년 가량 된 소나무가 몇 해 전에 베어진 것이 있다고 했다. 이것으로 장승을 만들자. 3m 50cm 장신의 소나무 두 개를 옮기려면 굴삭기가 필요하다. 마침 뒷집 아지매 눌째 아들이 굴삭기 주인이다. 서각과 세밀화를 하는 분, 전직이 목수였던 분, 전문적으로 배우지 않아도 뭐라도 척척 해내는 분들이 '마을의 희망'이다. 우리의 꿈을 우리 손으로 실현해 낼 수 있음을 실감하는 시간이다.

마을 예술인 배철섭 씨는 평생 처음으로 장승 작업을 한다고 했다. 선뜻 장승을 만들겠다고 했을 때, 당연히 경험이 있는 줄 알았다. 서각도 그림도 누구에게 전문적으로 배운 것이 아니라 스스로 익힌 실력이라고 한다. 출판되지 않은 자작시들도 많이 있다. 이런 모습을 두고 천부적인 소질을 지녔다고 하는 것이리라. 10여 년간 마을 이장 경험도 있어서 행정적인 차원에서도 자문 역할을 많이 한다. 마을의 귀한 인재이다.

5월부터 시작해서 한여름 내내 장신長身 소나무 장승 작업이 계속되었다. 대패질을 돕는 분, 사포질을 돕는 분, 때로 간식을 준비해 주는 분, 지나다니며 간간이 훈수를 두는 분, 이래저래 자기 경험을 나누는 분, 결코 쉽지 않은 지난한 시간이 흘러갔다. 야외 천막 안으로 따갑게 내리쬐는 땡볕을 견뎌내며 장승은 하나하나 모습을 갖추기 시작했다. 눈, 코, 입, 귀가 달리고, 송진 덩어리인 관솔로 가채를 조각하고, 어여쁜 족두리와 비녀까지 모습을 드러냈다. 인자한 할아버지와 할머니가 미소 지으며 마을을 찾는 이들에게 '어서 오십시오' 반갑게 환영하는 모습이다.

아뿔싸, 장승 작업을 거의 마무리했는데, 나무 안에서 살살 구멍을 파고 있는 존재가 있음을…관솔 작업을 하면서 소나무 속에 살고 있는 벌레를 몇 차례 본 적이 있다. 온몸은 말랑말랑하고 아이보리색으로 머리가 크고 큰 집게가 두 개 나 있다. 이 집게로 나무를 갉아 먹고 있음을 당장 알 수 있다. 아주 연약한 몸으로 그 딱딱한 나무 안에서 어떻게 살고 있는지 이해하기 어렵지만, 벌레들이 파 놓은 나무 가루를 보면 그들이 살고 있음을 바로 알 수 있다. 장승 작가는 몇 차례 세밀한 방충 작업을 했다. 살고자 하는 벌레와 그를 잡으려는 사람과의 대결이다. 작가의 마음은 작품이 오랫동안 보존되기를 바라는 마음이 우선이다.

마지막 관문이 다가왔다. 장승에 새길 말을 무엇으로 할 것인가? 장승이니 기존 장승의 의미 그대로를 살려 '천하대장군, 지하여장군'으로 합시다. 아닙니다. 그것은 지나간 풍습을 재현하는 것밖에 되지 않으니 '어서 오십시오, 환영합니다'라고 마을을 찾는 이들에게 환영 인사로 합시다. 아닙니다. 그것보다 우리 마을의 특색을 살려 치산은 한때 행정 명칭이었으므로 남성을 대표하고, 이 마을에서 시집간 분들은 꼬미댁이니까 '치산대장군, 꼬미여장군'으로 합시다.

이장님은 마을 주민들에게 장승 명칭을 표결에 붙였다. '천하대장군, 지하여장군'이 우세였다. 노인 회장님은 지금 이 시대에 장승을 세우는 의미는 마을의 특징을 살려서 마을을 새롭게 하자는 의미이니 '치산대장군, 꼬미여장군"이 우리 동네의 이름도 알리고, 마을을 빛나게 하고, 미래적이라고 말씀하셨다. 최종적으로 어르신의 말씀에 따르기로 했다. 꼬미 마을이 우리의 자랑이듯, 장승 또한 마을의 자랑거리가 되었다. 어느 날 꼬미 마을 하느님 백성들의 소식도 자랑할 날을 기다린다.

꼬미 마을
통합생태
프로젝트

"여러분이 우리의 자랑거리이듯
우리도 여러분의 자랑거리가 될 것입니다."

2코린 1,14

2023. 4. 30.

복숭아꽃

자연 생태

생명의
빛을
찾아서

'나의 살던 고향은 꽃피는 산골, 복숭아꽃 살구꽃 아기 진달래…' 고향의 봄에 제일 먼저 등장하는 꽃이 복숭아꽃이다. 그 옛날 소 먹이러 가던 둥근 산 살짝골 평지에 인적이 드물자 누군가가 씨를 뿌린 듯이 산복숭아 군락지가 생겼다. 노인 회장님께서 마을 뒷산 등산로를 만들어 놓았다고 하셔서 동행하다가 발견한 것이다. 때마침 복숭아꽃이 한창 피어 있어서 눈에 띄었다. 아하, 마을 앞 500m가 복숭아꽃길이 되면 어떨까? 몇 사람에게 물어보니 좋다고 했다. 생태지역을 이동한 꽃나무보다 지역 생태에서 자란 나무들과 여기저기에서 공동체를 이루어 사는 삶이 뜻깊지 않을까? 복숭아꽃과 더불어 사는 우리 마을은 '고향의 봄' 전원 마을이 되리라. 상상만 해도 마음이 봄놀고 기뻐진다.

지난해 3월 어느 날, 노인 회장님께서 복숭아나무를 산 아래로 운반해 줄 수 있겠냐고 하셨다. 복숭아꽃길 이야기를 나눈 지 불과 얼마 되지 않았는데, 벌써 몸으로 실천하셨다. 가슴이 뭉클했다. 서른 그루를 캐 놓으셨다. 길이 없는 산길을 따라 올라가니 나무뿌리와 흙을 비닐로 꽁꽁 묶어 두어 운반하기에 좋게 해 두셨다. 팔순이 훨씬 넘은 어르신이 산길을 오르기도 힘드실 텐데, 어떻게 이 많은 일을 하셨을까? 깜짝 놀랐다. 평생 마을 일을 해 오신 솔선수범으로, 하늘의 기운으로 땅심으로 논밭을 일구어 온 생명의 일꾼, 농부의 힘을 발휘하셨구나 싶었다.

마군산 입구 길이 복숭아꽃으로 가득 찰 생각을 하니 마음은 벌써 꽃구름 속을 거닌다. 산모퉁이를 돌면 마을이 보인다. 자전거 타고 중학교 다니던 시절, 어둑해지면 제일 무서운 곳이 마군산 모퉁이 돌 때이다. 지금은 모퉁이 아래쪽도 위쪽도 인가가 생겼지만, 그 당시에는 산에서 짐승이 나타날까 봐, 혹시 누군가 나타날까 봐 마음 졸이며 올라가는 언덕길이다. 마군산 언덕배기에 도착하면 죽을힘을 다해 자전거 페달을 밟는다. 힘이 모자라서 자전거에서 내리면 머리끝은 서고, 손은 벌벌 떨면서 자전거를 끌고 간다. 불빛 하나 없는 칠흑 같은 밤에 산모퉁이를 도는 생각만 해도 아찔해진다.

그 길이 꽃길이 된다니 가슴 떨리는 일이다. 몇 주가 지난 즈음에 동네 노인회 총무님과 청년들이 식목을 했다. 꽤 많은 나무였지만, 300m 가량 심어졌다. 그 길을 지날 때마다 '하나, 둘, 셋, 넷… 서른' 나무 숫자도 세어 보고, 복숭아 꽃그늘도 그려 보고, 꽃비도 그려 보고, '고향의 봄' 노래도 신나게 불러 보면서 이 길은 벌써, '나의 살던 고향 복숭아꽃길'이 되었다.

봄이 되어 새잎이 나는지, 안 나는지 유심히 살펴 보았다. 몇 나무 외에 대부분 잎을 틔웠다. '아, 살았구나.' 한여름 땡볕과 가뭄이 시작되었다. 생명수, 물을 주어야 하는데, 여력이 없었다. 잎이 났으니 살겠거니 했는데…

또 다른 웬수? 가 등장했다. 칡넝쿨이다. 길가에 진을 치기 시작한 넝쿨은 전봇대도 타고 올라가고, 복숭아나무를 휘휘 감아 숨을 못 쉬게 했다. 한차례 동네 청년들이 나무 주변 칡넝쿨을 정리했다. 가뭄에 뿌리가 버티기도 힘들었는데, 숨도 못 쉬게 하니 서서히 말라죽기 시작했다. 뭐라도 해야 했는데, 이 핑계, 저 핑계로 그저 바라보고만 있었던 내가 밉고, 그 추운 날 나무를 캐 오신 노인회장님께 많이 죄송스러웠다. 나무를 바라보시는 어르신의 심정은 어떨까 싶었다.

지나다니면서 말라서 가지만 앙상한 복숭아나무를 보면 가슴이 아려온다. 최종적으로 서른 나무 중에 4그루가 튼튼하게 자랐다. 지금은 두 나무뿐이다. 길옆 밭을 정리할 때, 누군가가 베어 낸 듯하다. 어린 나무이니 아마 복숭아나무인지 모르고 그랬을 것이다. 두 그루는 바로 옆에서 서로 의지하듯 제법 무성하고 키도 제법 자랐다. 그 어려움을 견뎌내고 살아 주었으니 너무 감사하다. '나무야, 나무야, 고마워.' 복숭아꽃 나무에 대한 아픔이 있어 다시 식목하는 데는 시간이 꽤 걸릴 듯하다. 나무도 그러한데, 하물며 사람이라면….

"그동안에 제가 그 둘레를 파서 거름을 주겠습니다"

루카 13,8

2023. 5. 7.

둥근 산 오솔길

사람 생태

산촌에 살아서 산을 그리워하는 걸까? '산에 가자'라고 하면 자다가도 벌떡 일어나 가고 싶은 심정이다. 유일하게 좋아하는 것 중의 하나가 산을 오르는 일이다. 평생 동행할 벗을 찾았지만, 아직도 만나지 못했다. 내 주변에 있었던 벗들은 대부분 산 오르는 것을 그다지 좋아하지 않았다. 날마다 새벽 미사 후에 마산역 뒷산을 혼자 다녔고, 만남 약속을 할 때 카페보다는 남산 산책을 하자고 제안했고, 제주에 일하러 가면 하루 시간을 내어서 반드시 한라산에 올랐다가 집으로 돌아왔고, 공부하는 동안 학교 뒷산 노고산은 쉼터요, 놀이

꼬미 마을
통합생태
프로젝트

터였다. 지금 생각하니, 산을 좋아하는 벗을 만나게 해 주셨더라면 산에 빠져서 하느님을 멀리하였을지도 모르기에 나를 당신께 잡아 두는 신의 안전장치였는가 싶기도 하다.

명절에 고향에 오면 산속에 있긴 하나, 산을 오르지 못하는 아쉬움이 늘 있었다. 언젠가 마을 뒷산에도 길이 있었으면 좋겠다고 아버지께 말씀드렸더니, 그것을 새겨들으셨을까? 어느 날 둥근 산에 오솔길을 만들었다고 하셨다. 그 옛날 소 먹이러 다니던 길을 복원?하신 것이다. 깜짝 놀랐다. 평상시에도 다른 사람의 말을 하나도 허투루 듣지 않으시는 아버지의 마음이 느껴져서 가슴이 찡했다. 갖가지 풀들과 나무들이 얽히고 설키어 있는데, 낫으로 제거하셨단다. 다닐 때 가시에 찔리거나 잡나무에 걸리지 않도록 말끔히 정리하여 산을 한 바퀴 돌 수 있도록 한 것이다. 사람이 다니지 않으면 여름이면 풀들이 길을 막아 버리고 가을이면 나뭇가지들이 자라서 다시 제자리로 돌아온다. 1년에 두어 번은 길을 다듬어야 한다. 예전처럼 발이 번쩍번쩍 들리지 않아 작은 풀에도 걸려서 넘어질 뻔했다는 팔순 노인이 가파른 산에 길을 내시다니…

길을 마무리해 두고, 이 길을 마을의 명소로, 마을 산책길로 소개를 할 수 있을지, 어떨지 보기 위해, 노인 회장님인 아버지와 노인회 이영종 총무님과 나, 셋이 길 점검에 나섰다. 시멘트로 마감한 임도보다 나는 이 길이 백배 좋은데 총무님은 너무 가파르고 험하다고 고개를 절레절레 흔드셨다. 마을 사람들은 아무도 올 사람 없을 것 같다고 하신다. 낭패다. 하지만, 마을을 찾는 젊은 방문객들에게는 좋은 길이 될 것이라는 확신이 생긴다. 짧게는 한 시간 가량, 길게는 한 시간 반 정도의 짧은 코스이지만, 산꼭대기에서 유유히 흐르는 강물을 바라보며 명상에 잠길 수 있는 그 시간은 다른 무엇에 비길 수가 없다.

마을을 방문한 몇몇 벗들을 둥근 산 오솔길로 초대했다. 울퉁불퉁한 산길에 적응되기 전까지 모두 힘들어했다. 산 정상에 오르면 길게 펼쳐진 낙동강을 보며 감탄한다. 아무도 없는 산중에 장신長身 오동나무가 보랏빛 꽃잎

꼬미 마을
통합생태
프로젝트

을 머금고 있는 모습을 보면서 감탄사를 연발하기 시작하여, 아카시아꽃 향기에 취해서 어느새 산과 동화가 되고, 복숭아나무 군집 터에서는 복사꽃을 바라보면서 봄을 만끽한다.

    이 모든 즐거움과 기쁨을 누리게 한 노인 회장님께 감사드린다. 한 사람의 땀과 수고로 마을은 사람 향기 나고, 살맛나는 공동체가 된다. 사람이 길을 내고 사람이 길을 간다. 어느 누구라도 인생길을 간다. 하늘나라 도착할 때까지 인간은 길 위에 선 존재이다. 길 위에서 삶을 깨우친다. 둥근 산 오솔길을 낸 노인 회장님을 통해 타인을 향한 배려와 관심이 사랑임을 배운다. ♪내 언제나 사랑하며 살리라 ♪ 노래가 절로 나오는 오늘이다.

> "우리는 하느님께 피어오르는
> 그리스도의 향기입니다."
>
> 2코린 2,15

2023. 5. 14.

꽃과 나비 벽화

사회 생태

꼬미 마을
통합생태
프로젝트

마을 주민들이 첫 공동 예술 작품을 만드는 날이다. 마을 회관 마당에 있는 탁구장 앞 벽면에 벽화를 그리기 위해 8, 90대 어르신 여덟 분과 젊은 여성 네 사람이 모였다. 보행용 수레를 밀고 오신 94세 어르신도 수레 위에 앉아서 그림을 그릴 준비가 되셨다. 하얀 벽면을 바라보며 우리가 무엇을 할 수 있을까? 설레는 마음으로 모두 붓 하나와 요플레 통에 든 물감을 하나씩 받았다. 마을 회관 입구라 마을의 얼굴이나 마찬가지인데, 작품이 엉망이 되면 어떡하나? 잠시 염려했다. 벽 앞에 다가가 자세히 보니 연필로 밑그림이 그려져 있었다. 작은 코스모스 꽃잎 하나, 나비 한 마리가 벽면 군데군데 있었다. 아하, 이것쯤이야…

어르신들이 욕실 의자 하나씩 깔고 앉아 꽃잎 안에, 나비 안에 색을 채우기 시작했다. "아이고, 손이 떨리네", "아이고, 다리야", "눈이 침침해서 밑그림이 안 보이네" 하시면서도 행여나 색이 밑그림 바깥으로 나갈까봐 얼마나 집중해서 작업을 하시든지. 그 모습을 보고 있자니 갑자기 목이 메여 왔다. 몇 년 후에는 몇 분이나 살아 계실까? 오며 가며 마을 회관을 드나들 때마다 꽃과 나비 작품을 보면 이 어르신들이 그리워질 것 같았다.

모르긴 해도 붓과 물감으로 뭔가를 그려 보는 경험이 낯설지는 않으신 듯했다. 몇 년 동안 이장님이 열 분도 안 되시는 어르신들을 위해 다양한 프로그램을 많이 유치하셔서 마을 회관은 어르신들의 교육장이었다. 지극 정성을 다하여 몰입해서 그림을 그리니 한 개를 그리는데도 시간이 제법 걸렸다. 어르신들은 틈틈이 다른 분들이 그린 작품을 보며 "창녕댁, 잘 그렸네", "오실댁, 꽃 이쁘게 그렸네", "구실댁, 나비 참하다", "도진 양반은 벌써

두 개째네", "아이고, 내 것은 이게 뭐꼬?" 하시며 자신은 낮추고 상대는 높이는 어르신들의 대화 또한 먼 훗날 이 날을 회상할 때를 생각하니 가슴이 먹먹해진다. 큰 벽면에 작은 점 하나처럼, 그렸는지 안 그렸는지 보이지 않을 정도의 작품이지만 평생 땅을 일구며 한 마을에서 동고동락한 마지막 세대가 그린 공동 작품이라 더 큰 의미가 있다.

대부분 나비 하나나 꽃잎 하나를 그렸고, 손동작이 빠른 몇 분만 두 개의 작품을 그렸다. 누가 보면 "저게 뭔 벽화냐? 애들 장난이지." 할 수도 있지만, 누가 그렸는지, 어떤 세대가 그렸는지, 그 의미가 무엇인지를 이해하게 되면 그렇게 말할 수는 없다. 이 연세에 돌아가셨거나, 요양원에 계시거나, 병중에 계셔서 몸을 움직일 수 없는 분들도 많은데, 아직은 손수 밥을 해 드시고, 마을 회관에서 90대 선배님 세 분은 쉬게 하시고 갓 90세가 되신 분과 내년이면 모두 구십이 될 세 분이 순번대로 저녁밥을 해 드리고 함께 드신다. 간간이 운동 기구를 가지고 가서 한두 시간씩 놀이하러 가면 저녁밥을 꼭 먹고 가게

꼬미 마을
통합생태
프로젝트

하신다. 그 맛은 꿀맛이고, 그리운 엄마의 손맛, 엄마의 밥맛이다.

하루 반나절 함께 벽화를 그리며 즐거운 시간을 보냈다. 다음날 아침에 보니, 길에서 보이는 탁구장 뒷면 벽면에는 귀여운 소녀가 그네 타고 있는 전문가의 그림이 그려져 있었다. 사다리를 타고 올라가 그렸어야 하는 작품이었다. 벽화의 시안이 3개 왔을 때, 동네 젊은이들이 다수결로 선택한 그림이었다. 화려한 전문가의 그림보다 어르신들의 꽃과 나비 그림에 마음이 더 머무는 이유는 무엇일까? 스스로 한 것은 보람도 뿌듯함도 백배 이상이다. 벽화뿐만 아니라 평생을 함께 일하고 함께 놀고 서로 돕고 나누는 생활이 몸에 새겨진 세대, 공동체성과 인정을 베푸는 것이 최고의 덕목인 세대, 이 세대의 정신을 개별화된 다음 세대가 물려받아서 공동체성을 살려내고, 살수록 맛이 나는 마을, 볼수록 정이 가는 마을, 알수록 설레는 마을이 되기를 소망한다. 더불어 마을에 신자 공동체가 형성되고, 사도행전의 말씀을 실천할 날을 꿈꾼다.

"신자들의 공동체는 한마음 한뜻이 되어,
아무도 자기 소유를 자기 것이라 하지 않고
모든 것을 공동으로 소유하였다"

사도 4,32

꼬미 마을
통합생태
프로젝트

2023. 5. 21.

유채씨

자연 생태

생명의 빛을 찾아서

　　　　　　설날이 지난 며칠 후, 한 신부님께서 아버지께 설 인사드리려 오신다는 전화가 왔다. "아이고, 안되는데요. 설 전날 코로나 감염되신 분이랑 저녁을 같이 먹어서 보건소에 가서 자진 검사를 하고, 다행히 음성이라는 결과가 나왔지만 행여나 싶어서 스스로 격리 중입니다" 하고 그 사정을 말씀드렸다. 전화를 끊고 난 후, 30분쯤 지났을까? 다시 전화하셨다. 어디시냐고 여쭈었더니, 그 이야기를 듣고 지금 돌아가는 중인데, 골목 입구에 파란 막대 옆에 종이 가방을 하나 두고 왔다고 하셨다. 늘 상상을 초월하는 생각과 행동을 하시는 분이라 그 상황을 상상하면서 혼자서 배꼽 잡고 웃었다. 가방 안을 보니 갖가지 선물이 들어 있었다. 그중에 유채 씨앗 한 병을 발견했다. 언젠가 하신 말씀들이 기억났다. "우리나라 사람들이 사람 보러 오지는 않지만, 꽃을 보러는 온다.", "유채꽃으로 마을도 가꾸고, 실험 삼아 씨앗을 뿌려 보고 잘 되면 더 많은 땅에 뿌려서 유채 기름을 만들자.", "경주, 청도, 고령 등등 유채로 지역 연대를 하고 지역공동체를 활성화하면 좋겠다"고 말씀하셨다. 유채꽃 단지를 어디에 조성할 수 있을까? 우선은 안산 밭 1,000평에 심어 보고, 동네에 비어 있는 땅들을 빌리고, 그 후론 나라 땅 낙동강변 하천 부지가 수만 평 있지 않은가? 생각만 해도 벌써 다 이루어진 듯 마음은 기쁘고 즐거웠다.

수년 전에도 신부님께서 유채 씨앗을 주셔서 서울 명동 전진상센터 3층 정원에도 뿌린 적이 있었다. 노란 유채밭을 상상했는데, 햇빛과 영양분이 적었는지 실오라기처럼 몇 포기만 올라왔다. 다시 재도전이다. 명동은 공기의 질도, 흙의 질도 좋지 않았지만, 이곳은 다르지 않은가? 꿈에 부풀어 씨앗을 뿌릴 가을날을 기다렸다. 드디어 가을, 비가 온 다음날 유채 씨앗 한 병을 들고 가서 호미로 골을 타고 샛터 꽃밭에 졸졸 씨앗을 뿌렸다. 이듬해 봄, 틈만 나면 유채가 올라오는지 보러 갔다. 간간이 물도 주면서 얼른 싹을 틔워 올리기를 소망했다. 3월이 지나고 4월도 말경인데 씨앗이 올라오는 기미가 보이지 않았다. '유채와 나는 인연이 안 되는가보다' 포기할 즈음 휑한 땅에 파아란 싹이 하나 보였다. 다른 씨앗도 같이 올라올 만한데, 주변에는 맨질맨질한 흙만 보였다. 한 포기라도 어디냐? 대표성을 띠고 네가 올라왔구나, 참으로 고맙다. 내 말을 들었는지 내 마음을 알았는지, 유채는 하루가 다르게 자라기 시작하여, 상상을 초월하는 진녹색 굵은 잎이 되었다. 줄기도 나무처럼 튼튼하고 그 잎은 배춧잎인지 모를 정도가 되었다. 아하, 이렇게 싱싱하고 튼실한 유채도 있음을 평생 처음 보았다. 같은 시기에 씨앗을 뿌린 경주에 사는 선배에게 그곳 사정은 어떤지 물었다. 큰 단지에 뿌린 씨앗은 거의 올라오지 않았고, 자기 집 화단에 뿌린 씨앗은 조금 올라왔다고 했다. 그 원인이 무엇일까?

씨앗 탓일까? 기후 탓일까? 토질 탓일까? 여러 가지 이야기를 나눴지만, 정확한 원인은 아무도 모를 일이었다.

샛터 꽃밭에 핀 그 한 포기는 꽃밭 한가운데서 승승장구하며 여러 갈래로 줄기를 뻗었고, 튼실한 몸에 비해 여리고 여린 보일락 말락 한 가냘픈 노란 꽃잎을 피워 올렸다. 그 유채는 씨앗을 뿌린 자 외에 마을 사람 누구의 관심도 끌지 못하였을 것이라 짐작한다. 하지만 잎이 말라 다시 땅으로 돌아갈 때까지 그 자리에서 마을 사람들의 발걸음을 세고 있었을 것이고, 마을의 숨소리를 듣고 있었을 것이다. 나 또한 귀향 후, 유채와 특별한 만남으로 농부의 마음을 조금씩 알아가고 있다. 씨앗을 뿌리고 땅을 가꾸는 일은 사람의 일이나 싹을 틔우고 자라게 하는 것은 하느님의 소임임을 다시 깨닫게 하심을 묵상하는 시간이었다.

꼬미 마을
통합생태
프로젝트

"나는 심고 아폴로는 물을 주었습니다.
그러나 자라게 하신 분은 하느님이십니다."

1코린 3.6

2023. 5. 28.

꼬미 밤마실 돗자리 영화관

사람 생태

생명의
빛을
찾아서

꼬미 마을 광장 왼쪽 경계선은 동비댁 창고 패널 담벼락이다. 눈에 가장 먼저 띄는 곳이라 온갖 광고물을 붙이는 벽보판처럼 되었다. 제대로 관리하지 않고 갖다 붙이니 볼 때마다 눈살을 찌푸리게 한다. 한여름 땡볕 아래 마을 청년? 몇 사람이 모든 광고물을 제거하고 깨끗하게 물청소한 후에 파란 페인트를 칠했다. 온 마음이 맑아지고 또 하나의 하늘을 만나는 것 같았다. 그 현장을 보고 있노라니 영화관을 만들면 좋겠다는 생각이 떠올랐다. 팔구십 어르신들이 여름밤마다 영화를 함께 보는 재미가 쏠쏠할 것 같았다. 미리 생각을 했으면 스크린이 될 만한 곳에는 흰색을 칠했을 텐데, 이미 지난 일 어찌할 수가 없다. 무엇으로 스크린을 만들까? 이장님이 쓰고 남은 현수막 천을 주시겠다고 했다. 글자가 쓰여 있을 텐데, 가능할지 모르겠다. 창고 벽 앞에서 이것저것 생각하고 있는데, 한 청년이 자기 집에 희고 긴 천이 있다고 했다. 얼른 가서 천을 2m 잘라 와서 자석 홀드로 벽에 고정했다. 이 정도면 영화 보는 데는 아무 장애가 없을 것 같았다.

영화관 이름을 무엇으로 할까? 마을 이름을 따서 '꼬미', 이 영화는 밤에만 볼 수 있으니 '밤', 동네에서 여기저기 다니는 것을 '마실' 간다고 한다. 어릴 때 멍석에 앉아서 별도 보고, 달도 보고, 밥도 먹고, 놀기도 하였다. 오늘날에는 멍석이 없으니 '돗자리', 어느 수도회의 돗자리 총회도 떠올랐다. 꼬미 마을 주민들도 자유로운 만남의 상징으로 돗자리가 좋을 것 같다. '꼬미 밤마실 돗자리 영화관', 영화관 이름이 좀 길긴 하지만, 몇 사람한테 물어 보니 좋다고 했다. 무엇이든 척척 해내는 후배가 영화 필름 모양의 테두리로 영화관 이름을 인쇄한 후 코팅

꼬미 마을
통합생태
프로젝트

을 해 왔다. 긴 사다리를 놓고 글루 건으로 영화관 간판?을 붙였다. 우와~~명실공히 꼬미 동네에 영화관이 생겼다. 그날의 소확행이란 말로 표현하기 어렵다.

빔 프로젝터는 후배가 가지고 오기로 했다. 영화관 시사회를 하자. 첫 영화로 무엇을 해야 할지 고심이 깊어졌다. 한글을 모르는 분들이 계시니 외국 영화는 제외, 글을 읽을 줄 아시더래도 자막을 따라가기가 어려운 분들이다. 한국 영화 중에 이분들에게 어울리는 영화를 찾아야 한다. 이 세대의 고민을 그린 '수상한 그녀'가 당첨되었다. 가족들이 자신을 요양원으로 보내려고 한다는 것을 알고 충격을 받은 할머니가 서운한 마음에 집을 나와 사진관에서 영정 사진을 찍은 후, 갑자기 아가씨의 모습으로 변신한 자신을 보는 것이다.

영화 상영 전날 밤, 돗자리가 있긴 하지만 행여나 싶어서 기획팀에서 십여 년 묵혀 둔 의자 스무여 개를 물청소하였다. 그농안 배운 갤리_1라피로 영화 안내판을 만들고, 마을 광장 바닥을 빗자루로 쓸고, 집에 있는 큰 돗자리 두 개를 길게 펴 놓았다. 상영 당일, 영화관 분위기를 낸다고 후배가 팝콘이랑 음료를 사 왔다. 이제 모든 준비가 완료되었다. 19시 30분이라고 알려 드렸는데 아직 날이 밝아서 스크린이 보이지 않는다. 여름날은 밤 여덟 시는 되어야 영화를 볼 수 있다. 아뿔싸! 어르신들이 다리가 아파서 돗자리에 앉기가 어려웠다. 미처 생각하지 못했다. 급히 의자를 갖다 날랐다. 돗자리는 텅 비었고, 모두 의자에 앉으셨다.

'수상한 그녀' 첫 상영이 끝났다. 어떠시냐고 여쭈었더니, 무슨 내용인지 모르겠다고 하셨다. 아이고, 이를 어쩌나. 할머니가 갑자기 아가씨로 변환된 것을 이해하기가 어려웠던 모양이었다. 드라마와 달리 영화는 전개가 빠르다. 이로써 첫 영화는 고객들의 관심과 재미를 끌지 못하고 막을 내렸다. 하지만 젊은이?들이 당신들을 위해 무언가를 해 주었다는데 감사하고 고마워하셨다.

꼬미 마을
통합생태
프로젝트

"모든 일에 감사하십시오, 이것이 그리스도 예수님 안에서
살아가는 여러분에게 바라시는 하느님의 뜻입니다"

1테살 5,18

2023. 6. 4.

큰새미

사회 생태

생명의
빛을
찾아서

꼬미 마을의 한가운데쯤 주민들의 생명수, 공동 우물이 있었다. 우리는 이 샘을 큰새미로 불렀다. 웃동네에 작은새미가 하나 더 있었기 때문이다. 작은 동네이지만, 둘로 나누어 웃동네와 샛터로 불렀다. 위에 있다고 웃동네, 새 집들이 하나둘씩 지어진다고 샛터이다. 아침저녁으로 물지게를 지고, 물 양동이를 이고 큰새미로 물을 길러 가던 모습이 눈에 선하다. 학교 다니기 전 물 양동이 이고 가는 엄마를 뒤따라 우물터로 왔다갔다하던 기억이 난다. 어린아이의 눈에도 일과 중에 가장 중요한 일임을 알 수 있었다. 부모님 누구라도 아침이면 제일 먼저 하는 일이 물 길어 오는 일이었다. 그 물로 밥도 짓고, 반찬도 만들고, 설거지도 할 수 있으니까.

세월이 지난 후, 집마다 우물을 파서 펌프로 물을 길어 올리기 시작했다. 마당 귀퉁이에 7, 80m 땅을 파 내려가던 모습이 필름처럼 떠오른다. 어느 정도 파 내려갔을 때, 샘처럼 물이 나오기 시작했다. "우와, 물 나온다." 현장에 있던 모두가 함성을 지르고 기뻐했다. 집 모퉁이 몇 군데 땅을 파 내려갔으나, 물을 만나지 못한 집도 있었기에 더욱 반가운 물이었다. 물을 끌어올리는 관을 묻고 마중물을 붓고 펌프질을 시작했다. 첫 물이 봇물 터지듯 올라올 때, 또 한 번 탄성을 질렀다. 그때의 그 신기함과 그 기쁨은 잊을 수가 없다. 이제 더이상 아침저녁으로 물동이 이고 큰새미로 가지 않아도 되었다. 이것은 하루 중 가장 중요한 일과의 한 부분을 덜어준 획기적인 사건이었다.

펌프 우물로 노동력의 절감을 가져왔지만, 물을 얻으려면 여전히 있는 힘을 다하여 펌프질해야 했다. 어느 날

동네에 수도를 설치한단다. 큰새미에 수도관을 연결하여 집마다 물을 보급한다는 것이다. 도회지야 진작에 수도 시설이 되었지만, 깡시골은 사정이 다르다. 손가락 서너 개만 움직여서 왼쪽에서 오른쪽으로 돌리기만 하면 콸콸 물이 쏟아져 나오는 것을 보는 기쁨이란 무엇에 비길 수 없다. 한 해, 두 해, 해마다 마을 자체 내 수질 검사를 실시하고, 꿀맛 같은 물을 마시던 시절은 지나갔다. 지금은 수도 사업소에 물값을 내는 수도관이 새로 설치되어 그 물을 마시고 있다.

그러고 보니 소소한 기쁨이 많은 변화하는 시대를 살았구나 싶다. 2년 전까지만 해도 큰새미는 방치되어 있었다. 두레박도 만들고, 큰새미 현판도 달고, 지붕도 이우고, 새롭게 단장하여 주민들의 공동 터전을 복원하자는 뜻을 모았다. 기둥 목재를 소나무로 하고, 지붕을 볏짚으로 하자고 했다. 두레박과 현판은 거의 마무리하였으나, 재료와 방법에 내한 서로 다른 의견 때문에 포기하는 상황이 벌어졌다. 한 해를 넘기고, 마을 가꾸기 사업 포상금 500만 원으로 지역 내 집 짓는 전문가에게 맡겨서 이를 완성하였다. 우리 손으로 완성한 것보다는 자부심이 덜 생기지만, 아름답게 단장된 모습을 보면서 만족하였다.

큰새미는 단순한 우물이 아니라 앞집, 뒷집, 옆집 주민들의 생활터, 나눔터, 생명터였다. 그 물로 가족의 생계를 유지하였고, 물 길러 와서 뒷집 순이의 결혼 소식도 나누고, 옆집 철이의 수박 서리 이야기도 나누고, 앞집 할머니, 할아버지 근황도 나누었다. 큰새미는 물로 생명을 이어가고, 마을 주민들이 흉허물 없이 자유롭게 이야기 나누는 장소였고, 물동이 내려놓고 쉬어 가는 삶의 정거장이었고, 세대에서 세대로 연결하여 마을의 역사와 문화를 이어가는 생활의 보금자리였다.

> "그분께서 저희에게 이 우물을 주셨습니다.
> 그분은 물론 그분의 자녀들과 가축들도
> 이 우물을 마셨습니다."
>
> 요한 4,12

2023. 6. 11.

해바라기

자연 생태

생명의
빛을
찾아서

　　　　　　산골, 농촌 작은 마을을 어떻게 활성화할까? 꼬미 마을에 사람들도 찾아오고, 마을 공동 경제도 살릴 수 있는 방안을 생태 운동가 정홍규 신부님께서 아이디어를 주셨다. 꽃도 보고 기름도 짤 수 있는 유채와 해바라기를 심어 보라고 하셨다. 유채씨는 실패를 맛보았고, 때맞추어 이웃 동네 91세 어르신께서 해바라기씨 한 되를 주셨다. 몇 년 전까지 마을 이장을 십수 년 하신 분이 너무도 고맙게도 놀고 있는 빈 땅을 빌려서 거름도 내고, 밭갈이도 하고, 모종도 키우겠다고 하였다. 꼬미 마을에 와서 체험하는 일은 대부분 일이 자연스럽게 술술 풀려 간다는 사실이다. 하늘이 열리고 때가 되었음을 직감할 수 있었다.

5월 중순 1,500주 모종이 삶터로 옮겨지는 날이다. 이른 아침 노인 회장님은 오토바이로 모종을 밭으로 나르고, 경운기로 물을 줄 호스를 밭에 깔아 놓고 파종할 모든 준비를 다해 놓으셨다. 8, 90세 어르신 다섯 분, 이장님 내외분, 노인 회장님과 선배 언니가 각자의 위치에서 모종을 놓고, 흙으로 덮고, 물을 주다 보니 400평 해바라기밭이 마무리되었다. 한 귀퉁이에는 목화 모종도 심었다. 밭고랑에서 넘어지실까 봐 염려스러운 분도 계시는데 몸 사리지 않고, 일해 주신 어르신들이 정말 고마웠다. 자녀들이 알면 호통을 치려나? 작은 일 하나라도 내 손이 간 일은 더 애틋하고 관심을 가진다. 자부심과 보람을 함께 맛보고자 하는 뜻에서 어르신들이 거드는 일을 흔쾌히 받아들인 것이다. 신나게 일한 그날 점심은 배달된 짜장면이었으며, 서로를 격려하며 맛나게 먹었다.

해바라기는 하루가 다르게 잘 자랐다. 8월 중순 꼬미 마을에서 태어나고 자란 이들을 초대한 '고향 방문의

꼬미 마을
통합생태
프로젝트

날'Home coming day'을 기해서 꽃들이 활짝 피어 주기를 기대했다. 행사 당일, 꽃밭에서 단체 사진 찍는 일정도 넣어 두었다. 키가 2m 이상 자라자, 노인 회장님은 사진 찍을 수 있는 나무 난간을 만들어 놓으셨다. 행사날이 다가왔다. 노인 회장님은 사람들이 들어가서 사진 찍기 좋도록 해바라기 밭에 들어가셔서서 마른 잎을 하루 종일 제거하셨다. 다른 곳에서는 꽃이 핀 것을 보았는데, 꼬미 마을 해바라기들은 아무리 기다려도 꽃을 피울 기색이 보이지 않았다. 밤낮으로 빌었지만, 해바라기꽃은 꼼짝도 하지 않았다. 인간의 때와 하느님의 때가 다르구나 싶었다.

9월 초 꽃봉오리가 맺히기 시작했다. 1,500주 중에 한 송이 꽃을 피워 올렸다. '감사합니다. 주님', 찬송이 절로 나왔다. 멀리서 사진을 찍었다. 이튿날 힌남노 태풍이 온다는 소식이다. 평시에도 태풍의 피해가 거의 없는 지역이라 조용하게 지나가겠거니 했다. 세찬 바람이 불고 간 아침, 제일 먼저 해바라기 밭을 석성했다. '아뿔싸' 징신長身 해바라기가 하나도 빠짐없이 싹 쓰러져 있었다. 뿌리째 뽑힌 것도 있고, 봄의 수고가 이렇게 끝나는구나 싶었다. 태풍이 지나가고 1주일, 2주일 지나면서 해바라기는 우리의 희망을 저버리지 않고, 누워서 한 송이, 두 송이 꽃을 피워 올리기 시작했다. 누워서라도 함께해 준 해바라기꽃들에게 감사.

십자가의 수난, 죽음, 부활의 여정처럼 힌남노의 수난을 통과한 해바라기는 가을날 새 생명의 씨앗을 영글어 놓았다. 해바라기꽃을 심으면서 어르신들께 "기름 짜면 한 병씩 드릴게요" 한 말을 실천할 수 있기를 기대했다. 누워서 핀 꽃과 씨앗은 살아 있음 자체로 감사해야 했다. 해바라기 기름의 길은 시작점에 불과했다. 어떤 일이든 성공만 기대할 수는 없는 일이다. 며칠 전 깜짝 놀랄 일이 생겼다. 지난해 그 밭에서 해바라기 몇 포기가 자라고 있었다. 어제 비 온 후에 네 그루를 뽑아서 샛터 꽃밭에 옮겨 심어 놓았다. 꼬미 마을 희망꽃이 다시 피어나기를…

꼬미 마을
통합생태
프로젝트

"인간의 성공은 주님 손에 달려 있으니…"

집회 10,5

2023. 6. 18.

마을 노인 회장님

사람 생태

생명의
빛을
찾아서

오늘은 1937년생인 꼬미 마을 노인 회장님 김태만을 작은 현미경으로 바라보기로 한다. 회장님은 초등학교를 졸업한 후, 군대 생활 3년을 제외하고 70년 동안 농사를 짓고 계신다. 농부는 자연의 순리에 가장 민감하고 잘 아는 사람이다. 하늘의 소식에 따라 씨앗도 뿌리고, 모종도 하고, 풀도 뽑고, 수확도 한다. 때를 맞추지 않으면 열매 맺은 작물도 낭패를 본다. 하늘과 땅을 존중하고, 그 일기日氣를 따라서 사셔서일까? 못 가져도 애달파하지 않고, 넘치면 나누고, 사람마다 선호가 다름을 존중하고, 높낮이 없이 평등심으로 사람을 대접하고, 마음이 우러나는 대로 살아가시는 분이다. 물질 만능과 자본주의 삶에 지쳐 있는 우리에게 한없이 부러운 모습이다. 회장님과 대화하다 보면, 생태 자연을 거스르지 않는 삶, '농자천하지대본農者天下之大本'임을 금세 알 수 있다.

회장님은 마을의 역사를 가장 많이 알고 계신 분이다. 먼 훗날 마을 역사관이 만들어질 때를 기다리며, 회장님의 기억을 바탕으로 기초 자료를 모으는 중이다. 고향에 한 번씩 다니러 올 때는 마을 소식이나 마을 이야기가 그리 재미도 없었고, 귀에 잘 들어오지 않았다. 귀향 후에는 꼬미의 '꼬'자만 들어도 귀가 쫑긋해지고 마음이 열린다. 노인 한 분이 돌아가시면 도서관 하나가 사라진다는 말을 회장님을 통해서 실감할 수 있었다. 마을 유래와 묘지로 가늠해 보는 마을의 역사, 교통수단배, 나룻터와 주막, 버스, 경제생활마을금고, 마을 구판장, 농작물의 변화땅콩, 참외, 수박, 감자, 마늘, 양파, 고추 등, 사회적 변화6·25, 새마을 운동, 놀이문화짚공치기, 작대치기, 낫꽂기 등, 낙동강변의 변화하천부지, 제방 뚝, 집과 집터의 변화, 의생활, 식생활디딜방앗간, 자녀 교육 등

꼬미 마을
통합생태
프로젝트

이다. 지금은 마을 회관 옥탑에 누구도 보지 않는 곳에 있지만, 언젠가는 마을 역사관에 소장될 나룻배를 젓는 '노'를 보여 주신 적이 있다. 고령군 지역 내에 함선 모형을 제작하시는 분 정재춘이 실제로 '노'를 본 적이 없다고 방문하셨을 때 노인회장님과 동행했다.

한 신부님께서 회장님의 프로필을 보내 달라고 하여 기록하다가 깜짝 놀랐다. 1960년부터 2023년까지 활동하신 이력을 보고 세상에 이런 분이 또 있을까 싶었다. 새마을 운동 전신인 재건국민운동 지도자 2년, 마을금고 회장 겸 총무 24년, 새마을 지도자 27년, 이장 9년, 노인회 총무 9년, 노인 회장직을 5년째 맡아 오고 계신다. 전 인생을 꼬미 마을을 위해서 투신하셨다. 그러한 만큼 마을에 대한 애정과 사랑이 지극하셨다.

이 회장님이 올해 6월 18일 '꼬미 관솔 갤러리'를 개관하신다. 83세부터 작품 활동을 시작하여 4년 동안 두 차례의 전시회를 열고, 마침내 갤러리 개관에 이른 것이다. 갤러리의 존재 이유는 관솔 작품 상설 전시뿐만 아니라, 노후에 자신의 숨어 있는 재능을 발휘하는 어르신들의 전시관이 되어 관솔 작품과 콜라보 전시회를 정기적으로 열어 서로 맛빛삶^{맛나고 빛나는 삶}의 터전이 되고, 노후의 삶이 보람되고 가슴 벅차오르는 어르신들의 꿈장^{꿈이 펼쳐지는 곳}이 되는 것이다. 더불어 '관솔 체험 학습장', '자연 나눔 Sharing Nature', '쉼과 회복의 치유 활동', '관솔 피톤치드 피정' 등의 활동이 펼쳐질 예정이다. 회장님은 농부이면서 관솔 작가가 되셨다. 회장님을 보면 100세 시대가 확실하다. 노후 삶의 한 모델을 보여 주신 것이다. 꼬미 마을에 경사가 겹쳤다. 개관식과 동시에 축복 미사가 있다. 신자가 달랑 혼자였다가 두달 전에 이사온 신자부부가 전부였는데, 마을이 생긴 이래로 평생 처음으로 미사가 열린다. 귀향의 꿈 중의 하나가 신자 공동체가 형성되는 것이었는데, 주님께서 뜻이 있으신 모양이다.

"야훼 이레 : 주님의 산에서 마련된다."

창세 22.14

꼬미 마을
통합생태
프로젝트

2023. 6. 25.

갤러리 출품

사회 생태

생명의
빛을
찾아서

꼬미 관솔 갤러리 개관87세, 관솔 작가 김태만에 마을 어르신들의 작품을 함께 전시하기로 했다. 8, 90대 마을 어르신들이 평생 처음으로 갤러리에 작품을 출품하는 날이 다가오고 있다. 개인별로 캔버스 하나를 드리고, 그동안의 작품을 각자가 배치하시도록 했다. 작품 선정과 배치를 하시면서 자기 작업에 몰두하시는 분도 계시고, 이래저래 참견과 코치를 하시는 분도 계신다. "대실댁은 그림이 거꾸로네", "삼대댁, 솜 더 안쪽으로 밀어 넣지, 바깥으로 나오잖아", "오실댁은 그게 뭐꼬?", "아지매, 똑같이 하면 재미없잖아요, 옆으로도 하고, 거꾸로도 하고, 밑으로도 하고, 자기가 하고 싶은 대로 하기로 해요"

일생을 한 마을에서 같이 일하고, 같이 먹고, 같이 놀면서 내 것 네 것 그리 따지지 않고, 있으면 나누고, 없으면 얻어먹고, 서로가 가진 것을 나누며 살아온 한국의 시골 마을 공동체의 모습을 간직한 마지막 세대이다. 사도행전의 첫 신자 공동체와도 유사하지 않을까 싶다. 두레와 품앗이의 정신이 살아 있는 세대, 이 세대가 한 분 한 분 사라지고 있고, 하느님의 부르심이 가까이에 와 있다는 생각에 때때로 가슴이 먹먹하다. 날마다 오후에 모여서, 평생 학습 프로그램이 없으면 윷놀이하고, 저녁밥을 해 드신다. 저녁밥을 해 드려도 시원찮을 판에 나만 보면 꼭 저녁 먹고 가라고 밥도 일찍 하시고, 반찬 한 가지라도 더 신경 써서 만드시고, 챙겨 주시고, 기뻐하고 즐거워하시는 모습을 보노라면, 이곳이 천국이구나 싶다.

몇 년 전부터 마을 회관에 평생 학습 강사들이 오셔서 한글 공부, 체조와 요가, 한솥밥 프로그램, 노래 부르기, 그림 그리기, 만들기 등 다양한 교육을 진행했다. 각

꼬미 마을
통합생태
프로젝트

자 이름이 씌여진 가방 안을 보면 어떤 일이 일어났는지를 알 수 있다. 책과 공책과 필통을 비롯하여 스케치북 그리고 작품들이 소복하게 들어 있다. 지금까지 한 프로그램을 책으로 엮은 어르신들의 이야기책도 있다. 몇 년 사이에 변화가 많았다. 함께 공부하고, 먹고, 놀던 어르신들이 돌아가시거나 요양원에 가신 분이 계신다. 시작할 때는 열 분이 넘었는데, 지금은 여덟 분 정도다. 이분들이 관솔 갤러리 찬조 출연 작가들이다.

    작품을 선정하면서, 재미있는 일이 많았다. 작품 중에 어떤 것은 밑그림이 그려져 있고, 색칠만 한 것이 있다. 아무래도 깔끔하고 정제되어 있어서 근사하게 보인다. 하지만 이 작품들은 개성이나 독창성이 없다. 어르신들은 당신이 그린 작품은 선이든 면이든 삐뚤삐뚤하니 미워 보여서 빼고 싶으셨다. 오로지 내가 창작한 작품만 출품하자고 말씀드려도 계속 이뻐 보이는 작품을 캔버스 위에 올리셨다. 이 글을 쓰는 지금, 어르신들이 원하는 것을 한 캔버스에 모아 공동 작품으로 출품하면 되겠다는 생각이 떠오른다. 원원win win이다. "하느님, 감사합니다."

저작권 침해가 될까나? 작가님들에게 물어보지도 않고, 이냐시오 영성수련 기도 그룹원들에게 어르신들의 작품을 보여 드렸다. 어르신 본인은 빼고 싶어 했던 그 그림들을 다들 좋아했다. 귀엽고, 정감이 가고, 사랑스럽다고 했다. 그러고 보니 그날의 주인공인 관솔 작가님의 작품이 이 어르신들의 작품 때문에 눈길을 끌지 못하겠구나 싶기도 하다. 주객이 전도될지도 모르겠다. 그래도 좋다. 관솔 작가님과 한마을에서 일생을 함께한 분들이 아닌가? 이 어르신 모두가 '꼬미 관솔 갤러리 개관'의 공동 주인공들이다. 그래서 개관식 테이프 커팅식에도 이 분들을 모시려고 한다. 꼬미 마을 어르신들이시여, 다시 태어나도 이 마을에서 함께 삽시다.

꼬미 마을
통합생태
프로젝트

"신자들의 공동체는 한마음 한뜻이 되어,
아무도 자기 소유를 자기 것이라 하지 않고
모든 것을 공동으로 소유하였다."

사도 4,32

2023. 7. 2.

꽃밭 팻말

자연 생태

생명의
빛을
찾아서

꼬미 관솔 갤러리 팻말을 만들면서 지금 마을에 살고 계신 열 분 어르신의 택호를 넣어 마을 꽃밭 열 군데 팻말을 달았다. 지전 양반 샛터 꽃밭1, 도진 양반 샛터 꽃밭2, 대실댁 기와 꽃밭1, 창녕댁 기와 꽃밭2, 삼대댁 기와 꽃밭3, 한터댁 기와 꽃밭4, 오실댁 기와 꽃밭5, 서촌댁 기와 꽃밭6, 병목댁 기와 꽃밭7, 구실댁 장승 꽃밭 이다. 요양원에 계신 세 분, 모지 양반 103세, 소리댁, 창이댁을 생각하면 마음이 아프기 때문에 택호를 넣지 않았다. 이 마을에서 댁호를 부르면서 살아온 마지막 세대라 여겨졌기 때문에 사람도 기억하고, 우리의 고유 문화도 전승하는 의미에서 꽃밭에 택호를 넣어 이름을 붙였다. 이 세대분들이 서로를 이렇게 불렀다.

　퇴근길에 마을 입구에 들어서면서 깜짝 놀랐다. 뜻밖의 풍경을 보고 혼자서 소리 내어 웃었다. 꽃밭 주인들이 풀을 뽑고 계셨다. 땅바닥에 다리를 펴고 앉아서 그 일을 하고 계신 모습을 뵈니 가슴이 짠하기도 하고, 너무너무 감사하기도 했다. "아지매, 힘들지 않으셔요?" 하니 "서촌댁, 오실댁은 벌써 오전에 풀을 다 뽑았어." 하신다. 거동이 어려운 구실댁은 사위가 대신하고 있었다. 자녀들이 보면 성화를 내겠지만, 인생의 마지막 힘도 마을 공동체를 위해 쏟으시는 그분들의 모습에 고개가 저절로 숙여졌다. 어르신들이 당신 몸 보살피기도 어려운 연세임에도 불구하고, 마을을 사랑하는 마음을 보여 주시니 무어라 드릴 말씀이 없다. 참으로 보기 힘든 아름다운 모습이다.

　2년 전 마을 가꾸기 사업을 하면서 꽃밭에 어르신들의 택호를 넣어 각자가 자기 꽃밭을 예쁘게 가꾸는 담당자를 정하면 좋겠다고 의논한 적이 있었다. 그때만 해도

꼬미 마을
통합생태
프로젝트

더 젊으셨다. 지금은 그렇게 하기에는 부담이 되실 것 같았다. 그래서 이번에는 꽃밭 디자인의 하나로 생각하고 명패를 붙였다. 택호를 따라 걸어가다 보면 그분들의 얼굴이 떠오르고 언니, 오빠, 동생 등 그분들의 자녀들이 기억난다. 슬쩍 눈으로 훑어보면 그저 그런 팻말이구나 싶지만, 택호를 기억하는 이들은 누구누구 이름만 들어도 마음이 열리고 그리움으로 남는다. 오호라, 팻말 하나에 택호를 따라 사람 명상, 자연 명상, 마을 명상길이 열렸구나.

아직 남아 있는 꽃밭이 있다. 마을 회관 옆과 앞길이다. 어르신들 다음 세대들의 이름으로 팻말을 만들자고 의논해 봄 직하다. 얼마 전 노인 회장님께서 마을 젊은 이들에게 "자네들도 대부분 환갑이 지났는데, 누구야, 이름 부르는 것보다 택호를 부르는 것이 어떠냐?"고 제안한 적이 있다고 하셨다. 마을 청년 75세 이하들은 서로 의논해 보겠다고 말했다. 마을의 역사가 세대를 연결하면서 이렇게 전수되는구나 싶었다. 한마을에 같이 살면서 같은 세대들이 누구 씨, 사장님, 대표님, 선생님, 원장님 등 역할에 따른 호칭보다 평등과 상호 존중이 묻어날 수 있는 택호를 쓴다면 우리는 한우리 공동체의 맛을 더 진하게 볼 수 있으려나? 꼬미댁, 꼬미 양반(어른)들이시여, 서로에게 택호를 부르면 어떨까요? 한참 동안 서로 많이 웃을 것 같다.

팻말 하나에도 의미를 담으니 우리의 삶이 한층 더 멋있어 보이고, 근사해졌다. 꼬미 마을의 새로운 부흥이 이제 시작이다. 샛터 꽃밭, 기와 꽃밭, 장승 꽃밭 담당자이신 임금님, 왕비님들이시여, 꽃밭 한 가운데에 있는 능금나무가 능금나무 숲이 될 때까지 건강 유지하시어 복 받은 인생, 충만한 인생길이었다고 노래하게 되시길 빕니다.

> "임금님, 만수무강하시기를 빕니다."
>
> 다니 6,22

꼬미 마을
통합생태
프로젝트

2023. 7. 9.

테이프 커팅

사람 생태

생명의
빛을
찾아서

꼬미 관솔 갤러리 개관에 있어서 기획의 하이라이트는 테이프 커팅이었다. 이런 날이 또 올 수 있을까? 십여 분 어르신들이 나란히 오색 줄 앞에서 금가위를 잡고 갤러리 개관 테이프를 커팅하는 모습은 상상만 해도 가슴이 벅차올랐다. 일반적인 행사에서 감히 보기 어려운 모습이다. 다른 사람의 말을 듣기도 어렵고, 허리가 반으로 기울어진 어르신께서는 서 있는 것도 어렵다고 말씀하셨다. 안타깝지만 받아들일 수밖에 없는 상황이었다.

　드디어 행사 당일이다. 어르신 한 분은 새벽같이 오

셔서 할 일이 있는지 물으셨다. 행사 시작 20분 전에 오시는 것이 제일 중요한 일이라고 말씀드렸다. 몇 년 전까지 반장이셨던 고모님은 이 집 저 집을 다니시면서 미리 오라고 당부하셨다고 했다. 개관식 테이프를 커팅하는 주인공은 열다섯 분이다. 마을 어르신 여덟 분과 이장님과 꼬사모(꼬미를 사랑하는 모임)회장님과 외부인은 다섯 분이다. 행사 전에 참석하신 분들에게 테이트 커팅은 대부분 동네 어르신들께서 하시니 양해해 달라고 말씀드렸다.

행사 시작 시각 11시. 서 있는 것조차 어렵다고 하신 어르신과 한 분 어르신만 무대에서 먼 자리에 앉아 계셨다. 대략 난감이다. 시간을 벌기 위해 개관식 일정을 공유하고, 참석하신 분들끼리 서로 인사를 나누어도 더이상 버틸 재간이 없었다. 아침부터 왔다갔다하시던 어르신도 안 보였다. 어르신 다섯 분이 몽땅 빠지셨다. 열다섯 금가위도 모자랄 것 같았는데 다섯 자리나 비었다. 주변에서 나 보고 오방색 줄 안으로 얼른 들어가라고 했다. 각본에 전혀 없는 일이 벌어졌다. 결국 열한 명만 금가위를 잡았다.

생명의
빛을
찾아서

다리가 없었던 시대는 홍수 나고, 강물이 얼면 섬나라가 되었던 깡촌 시골 동네, 꼬미 마을에 갤러리가 생겼다. 평생 잊지 못할 꼬미 관솔 갤러리 개관식에 동네 어르신 모두가 오색 줄 포토 라인 앞에서 환하게 웃는 모습의 사진을 큰 액자에 걸어두고 방문객들에게 자랑하고 싶었던 꿈이 갑자기 사라졌다. 행사 며칠 전부터 여러 번에 걸쳐, 예쁜 한복 입으시고 10시 40분까지 행사장에 오시라고 몇 번을 말씀드렸는데 물거품이 되었다. 결국 관솔 작가이신 아버지와 어르신 한 분만이 그 자리에 함께하셨다. 행사를 마친 후, 이유를 들어 보니 한 분 한 분 특별한 사연이 다 있었다. 이 일로 영원히 가슴에 새길 말씀이 생겼다.

"부르심을 받은 이들은 많지만 선택된 이들은 적다."

마태 22,14.

2023. 7. 16.

고향 방문의 날

사회 생태

인구 소멸 지역 경북 고령군, 군내에 2,000명이 채 안 되는 개진면, 면내에서도 작은 마을 꼬미에 새로운 부흥의 날이 올 수 있을까? 우선 마을에 사는 우리가 재미있을 것, 그다음은 나도 이곳에 와서 살고 싶다는 마음을 갖게 할 것, 마지막은 이 마을에 정착하는 것이다. 단순한 몇 가지 이유로 "고향 방문의 날Home Coming Day"를 기획했다. 우선 행사 준비 기획팀을 꾸렸다.

일단 시작해 보자. 이 마을에서 태어나고 자란 이들의 명단부터 만들었다. 마을 뒷산으로 올라가서, 여러 골

꼬미 마을
통합생태
프로젝트

짜기를 거쳐 마지막 산을 넘으면 꼬맹이들의 희망터 작은 학교가 있다. 책 보따리 허리에 매고, 아침마다 동행하던 언니, 오빠, 동생들을 찾아냈다. 영동초등학교 1회 졸업생부터 학교가 폐교되어 면내 통합된 학교에 다닌 이, 다른 지역으로 이사 간 이 등, 각자의 상황은 다르지만, 이 마을이 고향인 사람들이다. 1차로 212명의 명단을 확보했다. 전화번호를 알아내고, 카카오톡 그룹에 120여 명이 초대되었다. 순간 어깨가 저절로 으쓱해지고 감동의 눈물이 났다. 이렇게 출발을 할 수 있구나 싶었다.

비용을 어떻게 해결할 것인가? 마을에 현재 살고 있는 이, 살지는 않지만 주말농장처럼 오는 이 등 80세 미만 청년들을 이래저래 엮어서 100만 원을 만들어 초대하기로 했다. 고맙게도 음식은 우리의 정성을 담아 솜씨 좋은 선배 언니와 후배가 담당한단다. 일요일과 광복절이 끼어 있는 8월 14일~15일, 1박 2일. 첫 준비 모임에서 회의적인 표현을 하는 이들이 몇몇 있었다. "먹고 살기도 바쁜데, 누가 오겠냐?", "고향에 대한 관심이라도 있겠냐?", "10명도 안 올 걸" 등등. 오호라. 행사 시작도 못 하고 깨질 수도 있겠구나 싶었다. 다음 모임에서 부정적인 표현이나 초를 치는 말을 하는 사람에게는 재미 삼아 간식용으로 벌금을 받기로 했다. 처음 시도하는 일이라 당연히 어렵고 우려가 되는 것은 사실이다.

행사 내용은 각자 어릴 때 옛 사진전, 마을 역사와 관련된 퀴즈, 꼬사모(꼬미를 사랑하는 모임) 결성, 문화의 밤 「집으로」 영화, 부모님 산소 방문, 둥근 산과 달성보 산보, 춤과 노래 등이었다. 대략 참석 인원은 마을 사람들 포함해서 50명으로 잡았다. 출향인들에게 초대장을 카톡으로 보내고, 행여나 싶어서 행정 기관에도 알렸다. 군수님도, 도의원님도, 군의원님들도, 면장님도 오신단다. 우리끼리 옛이야기도 나누고, 어제와 오늘을 추억하며 정겹고 소박한 잔치를 생각했는데 행사가 커져 버렸다. 행사 참석자는 100명, 축하금이 1천 5만 원. 이래저래 꼬미 동네에 기적이 일어났다. 허물어져 가는 빈집들이 사람 향기 나는 집으로 탈바꿈할 날들이 다가왔다. 꼬사모는 매년 'Home Coming Day'를 갖기로 했다.

"그날에 주님께서 돋게 하신 싹이
영화롭고 영광스럽게 되리라."

이사 4,2

생명의
빛을
찾아서

2023. 7. 23.

마을 광장 벤치

자연 생태

꼬미 마을
통합생태
프로젝트

                      십여 년 전 마을 뒷산 산소^{山所}를 정리하면서 벤 장신^{長身} 소나무 몇 그루가 그대로 산에 있었다. 주민들은 우선 장승 재료를 생각했다. 장승을 만들고 남은 것으로 무엇을 할까? 마을 광장 가장자리에 드문드문 벤치를 놓으면 운치도 있고, 정겨울 것 같다고 했다. 누가 할 것인가? 힘들게 만들지 말고 사서 놓자고 한 이들도 있었다. 사면 편하기야 이루 말할 수도 없다. 다양한 의견이 등장할 때마다, 앞으로 나아가기 아니면 한 발 뒤로 물러서기의 연속이다. 나무가 아까우니 마을 광장 가장자리에 옮겨만 두자고 했다. 굴삭기 비용을 들여서 산에서 광장으로 실어 나르고, 전기톱으로 같은 크기로 잘랐다. 나무 생긴 모양 그대로 두고 썩지 않게 바닥 면만 조치를 하면 멋진 벤치가 될 것 같았다.

한여름 땡볕을 피해 아침저녁 나절로 노인 회장님과 지전 어른께서 주거니 받거니 하면서 낫으로 소나무 껍질을 벗겨 놓으셨다. 90대 노인이 땀을 뻘뻘 흘리면서 일하시는 모습 그 자체로 감동이었다. 누구를 위하여 종은 울리나? 나무 한 토막이 직경 40~50cm에다 길이가 180~240cm라 3개의 나무통을 돌려서 깎는 데만 해도 몇 날 며칠이 걸렸다. 일하는 중간에 지전 어른 손가락도 낫에 베여 다치기도 하셨다. 관솔 작품 만드시다가 조각칼이나 작업 도구에 수시로 다친 경험이 있으신 노인 회장님은 비상약 상자에서 필요한 약품을 꺼내 능숙하게 치료해 주셨다. 동네 남자 어르신은 딱 세 분이었지만, 한 분은 100세가 넘으셔서 바깥출입을 거의 하지 않으셨다. 이분은 며칠 전 하늘나라 주님 품으로 돌아가셨다. 서로 소통하며 지내는 어르신 두 분이 서로를 위하는 그 마음이 내게도 느껴지는 듯하다. 언제까지 함께하실 수 있으시려나 싶어서 더욱 애잔했다.

시간과 정성이 깃든 나무 벤치는 모양을 드러내고 있었다. 나무껍질 벗기기가 완성된 후, 지게차로 7개 기와 꽃밭 중간중간에 놓았다. 참 근사하다. 기와 꽃밭이 생긴 지도 얼마 안 되어서 소나무 벤치가 더 돋보였다. 멀리서 바라만 봐도 고향 향기가 풍겨 나오는 듯했다. 스쳐 지나치면 아무 일도 아니지만, 그 과정을 기억하는 이에게는 그때 그 사람과 그 자연을 생각나게 한다. 그것이 마을의 역사를 만들어 가는 문화적 자산이며 영적 풍요로움이다.

소나무 벤치는 서로의 생각 차이로 아직 미완성 그대로 2년째 기와 꽃밭 중간에서 껍질 벗겨진 채, 색 바랜 채, 자기를 찾아 주고, 앉아 줄 이를 기다리고 있다. 나무는 말이 없지만, 몸으로 말하고 있구나 싶었다. 마을을 사랑하는 마음은 다 똑같은데, 때로는 함께 의논할 시간을 맞추지 못해서, 때로는 생각 차이로 합의가 되지 않아서, 때로는 하지 말자는 목소리가 더 커서, 때로는 갈등을 처리할 힘이 부족해서, 때로는 추진력과 설득력이 부

꼬미 마을
통합생태
프로젝트

족해서 등 다양한 이유로 한 걸음도 앞으로 나아가지 못할 때가 종종 있다. 이 또한 우리의 삶이 아닌가? 식별은 접어 두고, 우선 마음을 내려놓고, 지금 이 순간 이렇게 있기로 선택하고 결정하면 바라보기가 수월하다.

귀하고 소중한 그 나무가 다 썩고 나면 그때는 후회해도 때는 늦으리라. 우리가 놓쳐서는 안 되는 것은 무엇인가? 용기인가? 일의 성공인가? 인간 관계의 화합인가? 성령의 입김이 우리에게로 불 때, 새로운 힘이 올라오리라 믿는다. 그때는 한 치의 주춤거림도 없이 바로 일어서리라는 다짐과 함께…

"성령을 받아라."

요한 20,22

2023. 8. 6.

집마다 컴퓨터 세상

사회 생태

김대중 정부의 정보 통신 정책인 '지식정보사회'의 일환으로 전국으로 확산되었던 정보화 마을에서도 비켜나 있던 꼬미 마을에 변화가 시작되었다. 에밀 타케 연구가 정홍규 신부님으로부터 "꼬미 마을에 컴퓨터가 필요한가?" 묻는 전화가 왔다. 지난해 꼬사모_{꼬미를 사랑하는 모임}가 결성된 후, 마을 회관에 컴퓨터를 비치하자는 의견이 나왔지만, 비용 문제로 미루어 둔 적이 있다. 꿈인가 생시인가 싶었다. '하느님께서 우리를 돕고 계시구나'. 대구대교구 은퇴 사제 박광호 신부님께서 중고 컴퓨터를 조립해서 무상으로 나누어 주신다는

꼬미 마을
통합생태
프로젝트

것이다. 몇 대나 필요한가? 집집마다 쏠려면 20대 정도라고 말씀드렸다.

신부님께서 컴퓨터를 조립하고 점검해 놓겠다고 하셨다. 이집트에서 국제수련모임을 하는 동안 공동체 선배님한테도 자랑하였다. 컴퓨터 공유로 변화될 꼬미 마을 생각에 가슴이 부풀어올랐다. 마을도 지속적으로 발전되고, 사람도 나날이 성장하는 마을을 꿈꾸니 손끝과 발끝에 힘이 주어진다.

장대비가 오락가락하는 토요일 오전, 아직 일면식이 없는 박광호 신부님을 정홍규 신부님께서 동행하셔서 신부님과 안면을 터 주셨다. 사람과 사람 사이의 연결 고리, 연대의 힘을 느끼는 순간이다. 박 신부님은 정 신부님의 한 반 위의 선배님이시란다.

농사 지은 복수박 몇 개를 들고 사제관으로 들어갔다. 집에 들어서자마자 깜짝 놀랐다. 거실과 방마다 컴퓨터 관련 부품들이다. '우와' 탄성이 절로 나왔다. 22대를 조립하고 점검해 놓으셨단다. 2대는 혹시나 고장이 나면 교체해 주라고 하셨다. 세심하게 배려해 주시는 따뜻한 마음이 전해져서 순간 가슴이 뭉클해졌다. 컴퓨터뿐만 아니라 외국어 성경 듣기와 성서 공부 자료 등 고생 고생하며 만들어 놓은 온갖 자료들도 있다고 필요하면 준다고 하셨다. 아낌없이 나누는 신부님을 보면서 '인색함'이 과제인 나에게 메시지를 주시는 것 같았다. '거저 받았으니 거저 주어라' 말씀이 들려왔다.

마을 회관에 수십대 컴퓨터가 들어오니 어르신들은 이게 무슨 일인가 하시며 놀라셨다. 컴퓨터에 대해 알고 싶으신 어르신은 마을 회관 컴퓨터로 알려 드리겠다고 말씀드렸다. "구십 노인인 우리들이 어떻게 컴퓨터를 하겠나" 하신다. 그래도 어느 날 컴퓨터 앞에 앉아 보시도록 하고, 놀라운 인터넷 세상맛을 보여 드려야겠다고 생각했다.

이제 85세 이하 모든 집에서 컴퓨터를 소장하게 되었다. 각자 쓰임새를 고려해서 컴퓨터를 배분하였다. 컴퓨터를 다루는 기술의 차이에 따라 각자 과제가 다르다. 신부님께서는 초보자한테 한글 타자부터 가르쳐 주지 말라고 신신당부하셨다. 그러면 재미없어서 컴퓨터 사용을 안 하게 된다는 것이다. 좋아하는 영화나, 노래나 게임이나 선호도가 있는 것부터 시작하라고 하셨다. 신부님께서 이 많은 컴퓨터를 나누어 주시는 깊은 뜻은 "작은 시골 마을이지만 컴퓨터로 인터넷과 연결하여 더 넓은 세상을 만나면 좋겠습니다"였다.

또한 신부님께서는 방송을 통해 고독사하는 독거 청년들이 많다는 소식을 듣고 마음이 아프시단다. 그런 청년들을 찾아 주면 남은 컴퓨터를 기증도 하고, 조립과 수리 기술도 가르쳐 주고 싶다고 하신다. 소중한 나눔이 얼른 이루어지기를 기도하리라. 두 분 신부님과의 귀한 인연으로 '꼬미 세상'이 달라졌다.

"하느님은 찬미 받으소서,
이제로부터 영원히 받으소서"

2023. 8. 13.

낙산서원

사회 생태

자동차 내비게이션에서 인안 2리를 검색하니 낙산서원이 등장했다. 여기가 어디지? 귀향하기 전까지는 낙산서원洛山書院이라는 말을 들어 본 적이 없었다. 꼬미 마을에 서원이 있다는 말인가? 서원의 위치를 보니 주민들이 성산 배씨星山裵氏 문중 재실이라고 불렀던 곳이었다. 소중한 문화재를 소장하고 있는 마을임을 알고는 문화 마을이 된 듯해서 어깨가 으쓱해졌다. 한편 이 사실을 모르고 있었다는 사실 때문에 약간 부끄럽기도 했다.

며칠 후, 낙산서원 현장을 찾았다. 예나 지금이나 같

꼬미 마을
통합생태
프로젝트

은 현판이었으나 재실로만 기억했지, 낙산서원으로는 기억되지 않았다. 자세한 내력을 알고 싶어서 후손을 찾아갔더니 2019년도에 주간 고령 신문에 난 '고령 지역 세거 성씨世居姓氏 연원을 찾아서' 기획 연재에 성산 배씨 편을 보여 주었다. 문중사이지만, 마을 역사와 연결되어 있어서 주민이지만 후손만큼이나 자긍심이 생겼다. 지방 문화재 등록은 아직 안 되어 있지만, 우선 마을 문화재로 자리매김할 수 있기를 바란다.

낙산서원은 조선 중기 학자 배신裵紳, 1520~1573을 배향한 서원이다. 남명南冥 조식曺植으로부터 수학하고 후에 퇴계退溪 이황李滉의 문하에서 배웠다. 스승인 조식이 죽자 조정의 명령으로 천거되어 『남명선생언행록』을 지어 올렸다. 그를 남명과 퇴계의 회통자라고 한다. 배신은 후학 양성을 위해 서원을 건립하였고, 사후에 현풍 도동서원 별사에 봉향되었다가 1952년 꼬미 마을에 낙산서원이 건립되면서 이곳으로 모셔졌다. 서서로 『낙천집』이 있다. 낙산서원에는 강당인 주경당主敬堂과 사당인 경현사景賢詞가 있다. 성산 배씨 낙천공파 종중에서 향사를 지내던 곳이다디지털 고령문화대전 참고.

    지난해 고향 방문의 날 행사를 위해 '추억 사진전'을 위해 집마다 앨범을 찾아 보았더니, 아이들이나 어른들의 사진 속에 가장 많이 등장한 배경이 낙산서원이었다. 산골 마을에서 그나마 가장 특별한 공간이었던 것이다. 마을보다 약간 높은 산비탈에 위치하고 있어 마을 전경을 내려다 볼 수 있다. 케노시스Kenosis 공부하는 팀이 꼬미 마을 방문했을 때, 낙산서원에 가 본 후에 이 장소가 무척 마음에 든다고 했다. 서원 앞마당에 차를 마실 수 있는 공간만 마련한다면 쉼과 회복의 장이 되고, 마을의 명소가 될 것이라고 말했다.

    2021년 마을 가꾸기 사업에 힘입어 배씨 문중도 서원을 정비했다. 서원의 방문을 바꾸고, 마루 도색도 마쳤다. 머물고 싶고 찾고 싶은 서원 분위기가 되려면 아직 갖추어야 할 몇 가지가 부족하다. 성산 배씨 후손들에게 기대를 걸어 본다. 서원까지 가는 길목을 정비하는 일과 이정표도 필요하다. 일손이 없는 시골에서 정기적으로 청소하고 정원 관리도 큰 과제이다. 하지만 꿈을 꾸어

꼬미 마을
통합생태
프로젝트

본다. 지방문화재로 등록되고, 서원의 원래 기능을 찾아 평생 학습의 장이 되고, 쉼과 회복의 공간이 되는 그날이 오기를….

꼬미 마을은 교육열이 높은 마을로 이웃 마을에 소문이 나 있다. 배움이 결실을 맺는 그날을 희망한다. 출향인들이 고향에 삶의 터전을 잡고, 그동안 배운 지식과 삶의 지혜를 모아, 낙산서원처럼 마을 곳곳의 역사와 문화를 되살려 내고, 자연과 사람이 함께 상생하는 공동체 정신이 살아 숨 쉬는 마을을 만들어 가기를 간절히 바라본다.

"지혜로운 사람은 자기 백성을 교육시키고
그의 지식은 믿을 만한 결실을 맺는다"

집회 37,23

2023. 8. 20.

말방길

자연 생태

꼬미 마을은 낙동강변에 있는 아주 작은 마을이다. 고령군 소속이지만 고령 읍내보다는 대구시가 생활권이다. 박석진교가 생기기 전 이동 수단은 통통배였다. 배를 탈 수 없는 때가 오면 섬 같은 마을이 되었다. 홍수가 나거나 태풍이 불거나 강물이 얼어붙을 때이다. 마을에서 동네 앞 나룻배를 타러 가던 길이 바로 말방길이다. 두세 사람이 지나다닐 수 있는 좁다란 길이라 소 먹이러 가는 길, 배 타러 가는 길로 이용되었다. 넓은 길로 빙 둘러서 가면 시간이 2~3배 걸려서 모두 이 길을 애용했다. 그 옛날 말방길은 마을을 떠나 어

꼬미 마을
통합생태
프로젝트

다른가 이동하는 설렘이 있고, 보고 싶은 사람도 만나고, 갖고 싶은 것도 사러 가는 즐거움과 기쁨이 있는 길이다. 울퉁불퉁 꾸불꾸불한 흙길을 밟는 신선함도 있었다.

    도시화 현상으로 마을 인구도 줄어들고, 교통도 발달하면서 통통배가 사라졌고, 한동안 말방길도 유명무실해졌다. 수년 전에 달성보가 건설되면서 이 길을 되찾기 시작했다. 하지만 이동 인구가 워낙 적으니 길은 있지만, 여름엔 풀로 덮여 발을 뻗을 수 없는 지경에 이르렀다. 몇 해 전부터 측량을 통해 원래의 길도 찾고, 지난해에는 지자체의 지원을 받아 반듯하게 길도 닦고, 마을운영비에서 지출하여 파쇄석도 깔아서 신작로처럼 넓어졌다. 파쇄석이 깔린 길옆에 제법 넓은 땅도 생겼다. 이름하여 말방 꽃밭을 무엇으로 채울까? 매년 심지 않아도 되는 이 마을에서 사는 야생화 꽃밭이 되면 더없이 좋을 것 같다. 2021년 첫해에 기와 꽃밭에서 자란 몇 포기의 맨드라미가 한 해 동안 씨를 스스로 땅에 흩날리더니 수백, 수천 개의 맨드라미 모종을 밀어 올렸다. 꽃밭 가득 빽빽하게 찬 모종을 보고 기절할 뻔했다. 시멘트 바닥 틈틈마다 끼이어 올라온 맨드라미를 보고 주님께 찬미를 드렸다. 창조주 하느님의 활동하심으로 인한 생명의 신비로움을 노래하지 않을 수 없었다.

비 온 후, 어느 날 아침, 말방길 꽃모종 한다고 주민들에게 알렸다. 노인 회장님은 새벽부터 맨드라미 모종을 뽑아 수레에 싣고 부지런히 말방 꽃밭으로 실어 나르셨다. 이장님, 부녀 회장님 그리고 마을 주민들 여럿이 함께하니 일찌감치 마무리되었다. 퇴근길에 간간이 잡초도 뽑아 주고, 동네 오라버니들이 길옆 풀도 정리해 주어, 첫해는 잘 관리가 되었다. 말방 꽃밭에서 마을 뒷산으로 해지는 모습을 바라보며 '곧 있으면 마을 탐방객들이 이 길을 지나다니겠구나' 하는 생각에 잠기면서 꿈에 부풀어 평화와 기쁨도 누렸다.

봄이면 강변 둑에는 벚꽃이 만발한다. 말방길에도 벚나무를 심으면 온 동네는 벚꽃 천지가 될 것이다. 강변 둑 끝 지점에 연결된 말방길은 동네로 유입되는 기역자로 된 지름길이다. 최근에 (사)고령군관광협의회 회장님 김용현이 달성보와 연결되는 말방길을 보시고 스토리가 있는 마을로 가꾸는데 희망이 보인다고 말씀하셨다. 잘 가꾸어진 길로 탈바꿈될 그날을 기다리며 꼬미 마을 청사진을 새롭게 그려 본다. 길 하나로 새로운 꿈과 희망이 꿈틀거린다.

현재 마을의 역사를 제일 많이 알고 계신 노인 회장님 김태만께 말방길의 유래에 대해 여쭈어보았다. 말 타고 과거 보러 가던 길이라고만 전해 들었다고 하신다. 이제는 과거 보러 갈 일은 없고, 어쨌든 변화와 성장을 의미하는 길로 자리매김할 수 있으면 좋을 것 같다. 마을과 마을, 사람과 사람, 농촌과 도시를 연결하고 이어 주는 소통의 길, 생명의 길, 푸르름의 길 말방길이여, 꼬미 마을을 드러나게 하고 빛나게 하여라.

"그대가 더욱 나아지는 모습이
모든 사람에게 드러나도록 하십시오."

I티모 4,15

2023. 8. 27.

노노 老老 케어

사람 생태

"오늘은 오실댁이 대구 가는 날이라 윷놀이 같이 못 하겠네" 꼬미 동네 어르신들은 아침나절에는 각자 집에서 할 일 하고, 점심 식사 후 2시경부터 마을 회관에 모인다. 일곱 분이 편을 짜서 두 팀으로 나누어 윷놀이를 시작한다. 매일 하는 윷놀이지만, 할 때마다 신선하고 재미있어하신다. 어릴 때부터 하던 놀이, 시집온 후론 정월대보름마다 하던 놀이이다. 아이나 어른이나 남녀노소 불문하고 평생을 할 수 있는 놀이, 윷놀이는 우리의 참 귀한 재산임이 틀림없다.

윷판은 작은 홑이불이다. 얼마나 사용했는지 하늘하

꼬미 마을
통합생태
프로젝트

늘하다. '하늘하늘한 홑이불을 바꿔드릴까?' 생각하다가 어르신들이 날마다 함께한 세월이 담겨 있는 듯해서 그냥 두었다. 홑이불은 어르신들의 손때 묻은 놀이터이며 인생 오후, 하루 오후의 삶이 새겨져 있다. 삶의 마지막 순간까지, 몸져눕기 전까지 같이 할 놀이의 중심에서 그분들의 대화를 듣고 있을 홑이불이라 생각하니 낡은 홑이불에 더욱 정이 갔다. 그런 의미에서 홑이불은 어르신과 나를 연결해 주는 또 하나의 성사이다.

윷놀이가 끝나고 나면 얼마간 휴식을 취한 후에 저녁밥 짓는 시간이다. 마을 회관 텃밭에 심어 놓은 오이랑 가지랑 고추랑 반찬거리를 준비하신다. 밥하시는 분은 정해져 있다. 최연소 89세 오실댁, 환터댁, 삼대댁 세 분과 그리고 91세 창녕댁이다. 92세, 93세, 95세 세 분은 형님들이라 밥하시는 것이 면제이다. 그분들은 간간이 설거지를 돕는다. 이 연세에 함께 놀이하고 함께 밥해 드시는 일이 기적과 같은 일이나. 이보다 더 귀한 '서로 돌봄'이 어디에 있으랴. 자녀들 방문이 뜸해도 함께 사는 동네 벗들이 있어서 시간도 잘 가고 노후가 즐겁고 살

만하다.

누군가 병원 가셨다고 하면 한걱정이다. 혹시나 다시 집으로 돌아오지 못하실까 봐. 병원에서 돌아오고 나면 병원 계실 때 병문안 못 가 보았다고, 금일봉 들고 집으로 찾아가신다. "얼굴에 살이 좀 빠지긴 했어도 이제는 괜찮다고 하더라" 하시며 방문한 얘기를 서로 나누며 함께 걱정하신다. 90세 노인들이 서로를 챙기고 아끼고 염려하시며 살아가시는 모습이 아름답다.

어르신들은 자녀들이 방문하고 간 후엔 뭐라도 먹거리를 들고 오셔서 마을 회관에서 함께 나누어 드신다. "우리 딸이 가지고 온 건데", "우리 며느리가 가지고 온 건데" 하시며 아들딸을 은근슬쩍 자랑도 하시고, 때로는 본인이 준비한 것인데도 아들딸들 이름 대며, 자녀들 낯을 세워 주신다. 환갑 넘은 자녀들 감싸는 어르신들 보며 자식 사랑은 끝이 없구나 싶다.

10여 년 전쯤, 이 마을에도 '노노 케어'가 지차체 사업의 일환으로 시행된 적이 있다. 더 연세 드신 옆집 아지매집에 가셔서 못질도 해 주시고, 빗자루도 매 주시고,

꼬미 마을
통합생태
프로젝트

식사는 제대로 하셨는지 방문하고 와서 케어 일지를 쓰고 계시는 아버지를 본 기억이 있다. 당시에 시골 노인이 "노노 케어", "노노 케어" 하시는 모습을 보고 신기하게 여겨었다. 시골 어르신들의 삶에는 이웃사촌이 삶의 전부라 할 수 있을 것이다. 노노 케어하며 살아가시는 이분들이야말로 참다운 이웃 사랑가들이다. 어르신들이시여, 하늘나라 주님께서 부르심이 있을 때까지 서로 돕고, 서로 돌보는 노노 케어 삶으로 끝까지 신명나게 살으소서!

"이웃을 너 자신처럼 사랑하여라"

마르 12,31

2023. 9. 3.

연자방아

사회 생태

꼬미 마을 통합생태 프로젝트

꼬미 마을에서 연자방아는 지금도 살아 있는 역사이다. 아버지를 통해 전설 같은 이야기를 들으면서 마냥 신기했다. 요즈음 말로 연자방아라 하지만 당시 사람들은 '돌방아'라 했단다. 돌방아는 1950년 6·25 전쟁 때 폐쇄되었다고 한다. 이야기를 들으면서 깜짝 놀랐다. 돌방아라서 벼는 쌀이 부서지기 때문에 찧을 수가 없고 단단한 보리만 찧는다고 했다. 대신 벼는 나무로 만든 막대기를 양손으로 돌려서 만든 '목매'를 사용했단다. 한평생 쌀과 보리를 먹고 살았고, 쌀과 보리가 자라고 수확되는 현장을 보고 살았는데 쌀은 약

하고 보리는 단단하다는 사실을 처음 알았다. 오호 통재라, 쌀보리 양식에 대한 예의가 아니었구나!!!

방아 찧을 때 아이들도 큰 역할을 한다. 소의 고삐를 잡고 소와 함께 원을 그리며 방아주위를 빙빙 돈다. 어른들은 가래질하며 방아에서 나오는 보리를 밀어 넣고 담는다. 큰 어미소가 작은 아이 손에 거머쥔 고삐 때문에 꼼짝을 하지 못한다. 아이는 집안 행사에서 큰일을 담당하고 있다는 자부심으로 한 걸음 한 걸음 걸을 때마다 어깨가 올라가고 콧노래가 절로 나온다. 어른들은 자식들 입에 들어갈 양식을 마련한다는 기쁨으로 힘겨운 노동도 마냥 즐겁기만 하다. 연자방아가 돌아가는 모습을 그려 보니 보릿고개 시절에 한 가족의 끼니 걱정을 덜어주고 그 순간만큼은 배불리 먹을 수 있다는 기쁨에 모두가 행복한 시간이었으리라. 연자방아와 함께 마음이 따뜻해지고 푸근해지는 순간이다.

"당시 디딜방아는 없었어요?", "당연히 있었지, 그 많은 양의 보리를 어떻게 디딜방아로 찧겠냐?", '아하, 그렇구나' 경험해 보지 못한 것에 대한 어처구니없는 질문이구나 싶었다. 수많은 세월이 흘렀지만, 당시 가족의 양식을 마련하는 데 큰 역할을 해 준 어미소한테 고마움을 전해 본다. "소야, 고맙다. 네가 아니었으면 연자매를 사람의 손으로 돌려야 했는데, 그 아이의 힘으로 그 큰 돌을 1mm도 옮기지 못했을 텐데 말이다." 방아 찧는 날은 온 가족과 가축의 합동 작전이었구나. 지금 마을에는 한 집에 한 사람, 많아야 두 사람이 살고 있다. 세 사람은 대가족에 속한다. 반세기만에 어마어마한 변화가 일어났음을 다시 실감한다.

연자매가 있던 자리는 마을 입구 정자나무 밑이다. 정자나무는 1959년 사라호 태풍 전까지 어른들의 쉼터, 아이들의 숨바꼭질 놀이터, 양식을 만드는 방앗간이었다. 그 위치는 소리댁 바깥마당과 반쟁이댁 집 어귀 사이란다. 연자매는 사라호 태풍 이후, 마을길을 넓히면서 마을 광장 지하에 축대 역할로 묻혀 있다. 안타까운 마음에 "그 소중한 것을 땅 위에 어딘가에 세워 두지, 왜 묻으셨어요?", "당시에는 길도 좁은데 세워 둘 땅이 없었어." 이 말씀을 들으니 요즘 젊은이들에게 "쌀이 없어서 배고파

꼬미 마을
통합생태
프로젝트

서 죽을 뻔했다"고 하니, "라면 끓여 드시지" 한다는 말이 떠오르면서 나도 모르게 쓴웃음이 나왔다.

연자매는 꼬미 마을 식생활 문화를 알려 주는 귀한 역사적 존재이다. 연자매가 언젠가는 땅 위로 올라와 옛 선조들의 먹거리 활동들을 낱낱이 기억하게 하고, 식생활 도구의 변화를 알려 주며, 후손들에게 가르침을 줄 날이 얼마 남지 않았기를 간절히 바라본다. 희망을 품고 있는 누군가가 있는 한, 희망은 사라지지 않듯이, 지나간 역사라고 사라지는 것이 아니다. 후손들의 머리와 가슴에 새겨질 때 역사는 다시 살아나고, 그 가치가 더욱 빛난다. 가까운 미래에 마을 역사관이 세워져 정자나무 아래 연자매가 재현되는 그날을 꿈꾸어 본다.

"미래가 있고 너의 희망이 끊기지 않는다"

잠언 23.18

2023. 9. 10.

대나무숲

자연 생태

박정희 정부 시절 산림 녹화 사업과 더불어 부족한 식량증산을 위해 산을 개간하여 농토로 활용하거나 과일나무를 심으면 돈 대신 밀가루를 지급한 적이 있었다. 그 일환으로 우리집 뒷산 주인이 산 일부를 밭으로 만들어서 복숭아나무를 심은 적이 있다. 세월이 흘러 복숭아밭은 온데간데없고, 아랫녘에 대나무를 심어둔 것이 차츰차츰 산으로 올라가 복숭아밭 전부가 대나무숲이 되었다. 멀리서 보면 산속에 웬 대나무숲인가 싶다. 이 대나무숲이 꼬미 마을의 또 하나의 쉼터, 놀이터가 될 수 있으리라.

꼬미 마을 통합생태 프로젝트

대나무로부터 가르침을 받는 아침이다. 대나무는 고결함을 나타내는 매란국죽 사군자의 하나로 절개와 의를 상징하는 문인화의 주인공이다. 그 마디는 중간중간을 끊어 주는 시련을 통해 성장을 멈추고 기다리면서 힘을 모으는 휴식을 의미한다. 대나무가 마디를 만들 때처럼 삶에서 버거움과 힘겨움을 견뎌낼 때는 삶의 마디를 만들고 있을 때이다. 대나무가 마디를 통해 휴식을 마련하듯, 우리 또한 삶터에서 열정을 쏟은 후 휴식이 반드시 필요하다. 휴식이 끝난 후, 다시 쭉쭉 뻗어 올리는 대통은 다음의 마디를 만나면서 다시 쉼을 시작한다. 대통의 크기는 처음과 끝이 같다. 그 비결은 아마 마디 덕분이리라. 일과 쉼의 균형이 우리를 단단하게 하고, 평정심을 유지할 수 있게 한다. 꼬미 대나무숲에서 인생의 마디 이야기를 나누면서 삶을 노래할 때를 기다린다.

우리집 뒤뜰 울타리도 대나무이다. 조릿대도 있고, 제법 큰 대통도 있다. 2년 전 KBS 1TV 6시 내 고향 셰프의 선물 촬영단이 우리집에 와서 '아버지의 조각'을 녹화한 적이 있다. 그때 당시 셰프는 전복 죽통밥을 만들면서 대나무를 사용했다. 긴 세월 동안 대뿌리들은 밥통을 만들 만큼 굵어졌다. 대통밥은 고향의 향기를 실어주고, 뭔가 모르게 마음속을 풍요롭고 따뜻하게 차오르게 한다. 서울 명동에 살 때 가장 즐겨 찾던 식당 역시 죽통밥집 '오우가'였다. 밥을 먹고 나면 쓰고 남은 빈 대통을 얻어 와서 연필꽂이로 사용하는 기쁨도 있었다. 올봄에는 우리 집 대문을 대나무로 엮었다. 대문을 바라볼 때마다 안정감과 평화를 누린다.

어느 날 아버지께서 대나무숲에 길을 내면 마을의 좋은 관광지가 되지 않겠냐고 하셨다. 우선 아쉬운 대로 주변을 정리해 보셨다고 했다. 구순이 가까우신 노인이 끊임없이 마을을 생각하고, 마을을 가꾸고자 하는 모습에 감탄했다. 한 번도 가 본 적이 없는 대나무숲을 아버지를 따라 산길로 올라갔다. 죽은 나무들만 정리하면 좋은 숲길이 될 것이라고 하셨다. 대나무를 심어 놓고 가꾸고 손질한 적이 없었기에 우후죽순 자란 그대로였다. 한 이틀 대나무숲에 가서서 사람 한 사람이 들어갈 만하게 사이 공간을 마련해 두셨다. 정확히 길을 낸 것이 아니기에 여

꼬미 마을
통합생태
프로젝트

기가 길인지, 저기가 길인지 알 수가 없었지만, 아버지의 그 정성이 놀랍기만 했다. 우선 대나무숲 쉼터로 가능성이 있는지, 딸에게 보여 주고 싶으셨던 것이다. 둥근 산 오솔길 가는 길목이라 그 위치로는 기가 막혔다. 산 주인의 허락은 받았지만, 대나무를 심었다는 분이 원하지 않으셔서 보류 중에 있다.

마을을 함께 만들고 가꾸어 가는 것은 고비고비의 연속이다. 대나무처럼 때를 기다리고 쉬어야 할 때가 자주 찾아온다. 그럴 때마다 포기하지 않고, 기다리는 힘이 있어야 한다. 아직 피지 않은 꽃봉오리에서 꽃을 볼 수 있음을 알고 끊임없이 희망하는 것이 우리의 몫이리라.

> "너는 인내심이 있어서, 내 이름 때문에
> 어려움을 겪으면서도 지치는 일이 없었다."
>
> 묵시 2,3

2023. 9. 17.

꼬미 관솔 갤러리 기획전

사람 생태

꼬미 관솔 갤러리 기획전 첫 번째로 10월 초에 경북 고령군에 살고 계시는 80세 이상 어르신들의 공동 작품전을 준비하고 있다. 관솔 갤러리의 역할은 지역 사회 내 주민들이 누구나 자신의 역량과 기량을 드러내는 장소로 자리매김하고자 한다. 우리 모두가 하느님의 창조 작품이듯이, 창조자의 모상인 우리는 모두가 하늘로부터 예술가의 기질을 타고났다. 나의 부친이 80세 넘어서 재능을 발휘하여 관솔 작가로 보람 있게 살아가시는 것처럼 어르신들도 뭔가 할 수 있다는 꿈이 있고, 하루하루 삶이 즐겁고 충만하며 아름다운

꼬미 마을
통합생태
프로젝트

노후가 될 수 있도록 돕고 싶었다.

노인들의 삶은 '역할 없는 역할roleless role'로 원치 않는 자유 시간이 많다. 그 시간을 스스로 선택하고 즐기는 수 있으면 남은 삶을 의미 있고 가치 있게 보낼 수 있을 것이다. 노인들에게 꼭 필요한 문화 코드인 '여가생활'을 어떻게 영위하는가에 달려 있다. 특별한 재능을 가지신 분들은 개인으로, 그렇지 않으면 공동 작품으로 준비하고 있다. 경북 외 지역 분들은 찬조 출연할 수 있다. 조건은 80세 이상이다. 올봄부터 설레는 마음으로 준비 중이다.

대부분 어르신의 첫 반응은 '내가 할 수 있는 게 있나? 아무것도 없어, 나는 못해'였다. 시간이 지날수록 '나는 무엇을 할 수 있을까?'로 생각이 바뀌셨다. 대가야읍 내에 계시는 88세 어르신은 코로나 시절에 바깥출입도 할 수가 없어서 이 무료한 시간을 어떻게 보낼지 생각하다가 재봉틀로 바느질을 시작하셨다. 젊은 시절에 입던 옷을 지금 몸에 맞게끔 줄여서 입기도 하고, 새로운 옷을 만들기도 하셨다. 입지 않는 헌옷으로 조끼, 치마, 바지,

원피스, 보온용 앞치마 등 다양한 스타일의 옷들이다. 추위막이옷 이외에 여태 한 번도 보지 못한 별별 희한한 옷들이 많았다. "어르신은 이 옷으로 작품전 나가시죠?" 했더니, "하지 마라. 이게 뭐라고, 헌옷으로 만든 이것이 뭔 작품이라고… 내가 그때까지 살지 안 살지도 모르는데…" 하시면서 지금까지 만든 옷을 가지고 나오시는데, 너무 많아서 기절하는 줄 알았다. 같은 읍내 관동 어르신들은 복주머니 팀이다.

쌍림면 91세 어르신은 "나는 만들 줄도 모르고, 재주가 하나도 없어, 할 수 있는 게 아무것도 없어" 하셨다. 계절별로 집 주변에 자라는 꽃을 말려서 작품을 만들기로 했다. 방문할 때마다 신문지 사이에 꽃들이 채곡 채곡 쌓였다. 한번은 푸른 보리싹을 잘라서 말리고 계셨다. "이것도 작품이 될까?" 하셨다. 보리는 꽃이 아니라고 생각하셔서 그렇게 말씀하신 것 같다. "어떻게 보리싹을 생각하셨어요? 보리 너무 이쁜데요" 했더니, 흐뭇한 표정을 지으셨다.

꼬미 마을 어르신 일곱 분은 안 쓰는 이불 홑청을 뜯

꼬미 마을
통합생태
프로젝트

어서 조각조각내어 꼬마 버선을 만들고 계신다. 89세 어르신이 첫 시작을 했는데 버선 입구에 바느질 선이 보이지 않게 하는 방법을 잊어버렸다. 다음날 마을 회관에 다 모이신 어르신들이 각자 하나씩 만들기 시작했다. 93세 어르신이 그 방법을 기억하고 계셨다. 버선을 만들다가 실이 다 되면 바늘귀는 제일 연장자인 95세 어르신께 부탁하신다. 귀는 어두운데 눈이 제일 밝으셨다. 성산면 97세 어르신은 "버선이나 주머니는 그래도 쉬운 건데, 다른 사람들이 다 하고 나는 뭐 하겠노?" 하신다. "어르신도 하실 수 있는 게 있을 거예요, 같이 찾아보아요" 하며 소재를 찾고 있다. 80세 이상 아마추어 예술가들의 삶이 빛나기 시작했다. 그날이여, 어서 오라.

"하느님께서 사람을 창조하시던 날,
하느님과 비슷하게 그를 만드셨다."

창세 5,1

2023. 9. 24.

빈집 프로젝트

사회 생태

귀향 후 가장 눈에 들어온 것은 마을의 1/3이 빈집이라는 사실이었다. 농촌 마을의 실태를 한눈에 알 수 있는 모습이다. 사람이 살지 않는 빈집은 여름이면 온갖 풀들이 담장을 넘어서 이웃집으로 번져 오고 겨울이면 썰렁하고 휑한 모습이 아주 을씨년스럽다. 여름은 그래도 녹색 정원을 만들어 주어서 그나마 볼만하지만, 겨울은 차마 보고 있기가 쉽지 않다. 주말농장이라도 하러 오는 집은 그나마 집이 유지되어 있지만, 방치된 집은 허물어지고 허물어져 귀곡산장처럼 되어 있다. 이 문제가 꼬미 마을 만의 문제는 아니다. 우

꼬미 마을
통합생태
프로젝트

리나라 대부분 농촌의 과제일 것이다. 사라져 가고 있는 사람들, 사라져 가고 있는 마을들이 가슴을 아프게 한다.

사람들이 마을로 돌아오게 할 방도를 모색해야 한다. 오직 하나 희망은 옛 집주인들이 집을 팔지 않아서 후세 대들이 돌아올 가능성이 있다. 옛 주인이 바뀐 집은 딱 한 집이지만 사람은 살고 있지 않다. 이 마을로 시집오신 할머니들은 최소한 7, 80년 이상, 한 마을에서 함께 살아 온 분들이다. 7, 80년 동안 돌아가신 분들은 있지만, 새로운 인물은 없다.

농자천하지대본農者天下之大本의 주인공들, 농사만 짓던 분들이 1세대라면, 다시 마을로 들어온 2세대들은 전적으로 농사만 짓는 이는 한 사람도 없다. 하지만 자세히 들여다보니 코로나 시국 이후, 한 집, 두 집 젊은이로 채워지고 있다. 3년 사이에 빈집 세 채와 농막 하나가 사람 사는 집으로 생기를 찾았고, 11명의 인물이 꼬미 마을에서 삶의 터전을 마련하였다. 이쯤이면 희망적인 마을이 아닌가? 19채에 29명 가량 매일 꼬미 땅을 밟고 살고 있고, 주말농장을 하는 네 집은 주기적으로 오고 있으니,

생명의
빛을
찾아서

문제가 없고, 주인을 기다리고 있는 빈집 여섯 채가 과제이다. 지금부터 한 해에 한 집만 살아나도 몇 년 후면 사람들로 꽉 찰 것이다.

지난해 결성된 출향인들과 함께하는 모임인 꼬사모_{꼬미 마을을 사랑하는 사람들의 모임}가 매회 개최하는 고향 방문의 날Home Coming Day을 통해 희망을 걸어 본다. 정든 고향으로 돌아와서 다시 살고 싶은 마음이 진심으로 열리기를 바랄 뿐이다. 120여 명이 꼬사모 단체톡에서 마을 소식과 서로의 안부를 묻고 있다. 지난해 첫 만남에서 '나도 꼬미 와서 살고 싶다.', '나도 은퇴 후에 마을에 들어와서 살고 싶다.' 여러 명이 이 말을 했다. 이 말은 농촌 마을이 부활할 수 있는 기쁜 소식, 곧 복음이다. 이 말을 듣는 순간 꼬미 마을에서 역사하시는 하느님을 뵌 듯하고, '말씀이 사람이 되시어 우리 가운데 사셨다'는 말씀이 살아서 움직이는 듯했다.

빈집 고민을 하고 있으니까, 귀농·귀촌의 일환으로 농촌살이 한 달, 일년살이나 피정 집, 휴가 시설 등으로 마을로 사람들을 오게 할 궁리를 해 보라고 제안을 해

꼬미 마을
통합생태
프로젝트

온다. 무엇보다 먼저 집 주인들의 생각을 들어보는 것이 최우선이리라. 빈집을 개인적으로 해결하기에는 무리이지만 뜻이 있는 곳에 반드시 길이 있음을 믿는다. 오늘도 내일도 주인을 기다리고 있을 빈집이여, 사람 소리 들려줄 날 얼마 남지 않았으니 안심하여라.

"진정하고 안심하여라, 두려워하지 말라…
네 마음이 약해지는 일이 없도록 하여라"

이사 7,4

강변 뚝방길

자연 생태

2023. 10. 8.

꼬미 마을은 낙동강 물로부터 마을을 보호해 주는 뚝방길이 일품이다. 마을에서 말방 길을 400m가량 걸어가다 보면 뚝방이 나오고 달성보를 만난다. 봄이면 벚꽃이 만개하고, 여름이면 야생화들의 녹색 정원, 가을이면 하천부지에 갈대가 해가 갈수록 숲을 이룬다. 겨울이면 잎을 떨군 산천과 유유히 흐르는 강물과 더불어 길게 펼쳐진 뚝길이 푸른 하늘과 일체를 이룬다. 몸과 마음에 신선한 에너지를 불어넣고 싶을 땐 자전거를 타고 이 길을 달린다. 길을 따라가다 보면 찌뿌둥한 몸도 답답한 마음도 어느새 날아가 버린다.

꼬미 마을 통합생태 프로젝트

생명의
빛을
찾아서

지금은 뚝방길이 시멘트로 포장이 되어 있지만, 달성보 건설 전에는 흙길이며 잔디밭이었다. 어릴 때 강변과 뚝방은 소들의 늘 푸른 밥상이었다. 푸른 초원에 소들은 풀을 뜯고, 나는 잔디에 누워 하늘을 바라보며 동요 '푸른 잔디'의 주인공이 된다. "풀냄새 피어나는 잔~디~에 누워 새파란 하늘과 흰 구름 보며 마음은 저절로 부풀어 올라, 즐거워 즐거워 노래 불러요." 콧노래가 끝나고 뭉게구름 속에 얼굴을 넣고 호흡하다 보면 깜박 잠들어 꿈속을 여행하기도 한다. 자연이 주는 평화로움에 신선이 된 듯 기쁘고, 온몸은 천상을 나르는 날개를 단 듯 가벼워진다.

달성보 건설과 더불어 강변에는 자전거 도로가 아름답게 펼쳐져 있다. 이 길이 도시의 어느 곳에 있다면 수백 명, 수천 명이 날마다 드나들 텐데, 대부분 노인 세대만 살고 있는 시골에는 운동을 하러 뚝방길을 걸으러 나올 사람도 거의 없다. 간간이 운동하는 분들이 보이긴 하지만 극소수이다. 강을 따라 펼쳐진 이 어마어마한 하천 부지가 지역 경제도 살리고, 자연도 보존하고 가꾸는 곳으로 거듭나기를 희망한다. 해바라기나 유채는 꽃도 보고, 기름도 짤 수 있다. '꿩 먹고 알 먹고, 도랑 치고 가재 잡고' 속담이 떠오르지만, 생태 시대를 사는 지금은 속담도 달라져야겠다. 꿩도 가재도 잡으면 안 될 것 같다.

최근에 부임하신 김광호 면장님은 개진면을 역사, 문화, 생태 중심 행정으로 펼쳐 나가고자 한다. 개진면민이지만 지금까지 듣도 보도 못한 '낙강구곡洛江九曲'과 '낙강칠현'의 역사를 알리고 계시고, 개진면 활성화 기획단을 구성하여 내외부 전문가와 주민들의 협력을 요청하고 있다. 지방 소멸과 초고령화의 위기를 극복하고자 다양한 일을 추진하고 있다. 주민 주도 농촌 재생을 위한 활동가 역량 강화 워크숍도 마친 상황이다. 꼬미 마을이 이 행정 하에 있으니 저절로 꿈과 희망이 부풀어오른다. 소싯적 강변 뚝방길에 누웠을 때 부풀어오른 그 마음이 다시 부활하는 느낌이다. 천혜의 자원 강과 땅이 아름답게 가꾸어지고 더불어 사는 모습이 한눈에 펼쳐진다. 강물에게 들려주는 음악회도 열고, 길게 펼쳐지는 강둑에서 삼삼오오 그림 그리기도 하며 함께 주님을 찬양하는 날이 오

꼬미 마을 통합생태 프로젝트

리라.

하느님께서 주신 아름다운 자연을 가꾸고 돌보아야 할 이유를 교황님의 생태 회칙 '찬미 받으소서' 1항에서 찾는다. "우리의 공동의 집이 우리와 함께 삶을 나누는 누이며 두 팔 벌려 우리를 품어 주는 아름다운 어머니와 같다." 자연이 주는 온갖 좋은 것들과 더불어 자연이 신음하고 울부짖는 소리에 귀 기울이며 강도 가꾸고, 땅도 가꾸어 주님 보시기에 좋은 마을로 거듭나기를 희망한다. 창조의 복음이 우리 현실에 풀 향기와 더불어 뿌리내리고, 강변 뚝방길은 우리가 함께 가는 연대의 길, 희망의 길이 되어 주기를 바란다.

> "그분의 업적은
> 얼마나 아름다우며,
> 얼마나 찬란하게 보이는가?"
>
> 집회 42,22

2023. 10. 15.

정자나무

자연과 사람 생태

시골 마을에는 어느 마을 할 것 없이 큰 정자나무가 오고가는 길손들을 제일 먼저 맞이해 준다. 비도 막아 주고, 바람도 막아 주고, 햇볕도 막아 주어 우산도 되고, 양산도 된다. 아이들에게는 숨바꼭질 터, 나무를 오르내리는 미끄럼틀도 되고, 함께 숙제하고 공부하는 공부방도 된다. 어른들에게는 장기, 바둑, 윷놀이의 놀이터, 이야기 나눔터도 되고, 연극을 할 때는 극장이 되기도 한다. 한여름 뙤약볕을 피하는 유일한 피서지이기도 하고, 음식을 나누는 잔칫집이며 공동의 집도 된다. 정자나무는 늘 그렇게 사람을 품어 주고 희로애

꼬미 마을
통합생태
프로젝트

락을 누리게 해 주는 보금자리였다.

아쉽게도 꼬미 마을에는 지금은 정자나무가 없다. 자라면서 정자나무 이야기를 아마 수백 번은 들었다. 1959년 9월 11일 사라호 태풍 때 나무가 쓰러졌다. 나무 둘레가 다섯 아름, 750cm쯤 되었고, 나무 중앙에 둥근 홀이 있었는데 그 안에 들어가서 아이들은 숨바꼭질을 했다고 한다. 쓰러진 나무가 트럭으로 15대가 되었단다. 얼마나 큰 나무인지 짐작이 가고도 남는다. 나무를 판 돈으로 밭 약 천 평을 샀다. 지금은 그 밭을 팔고 논 505평을 산 것이 아직도 동네의 자산으로 되어 있다. 그 땅에서 나오는 수익으로 마을 잔치도 하고, 여행도 다니면서 서로 즐거움도 나누고 기쁨도 누린다. 인간이 나무에게 해 준 것은 하나도 없는데 나무는 죽어서도 사람들을 이롭게 하고 있다.

사람들 사이에서 통공처럼, 자연과 인간 사이의 통공을 생각해 본다. 사람은 자연을 가꾸어 고마움도 전하고, 자연은 사람에게 호흡 간에 좋은 공기를 불어 넣어 건강한 생명으로 유지해 준다. 마을 어귀의 큰 정자나무는 기억이 살아 있는 한 마을의 지킴이고, 우리의 정신적 유산으로 내적 삶을 풍요롭게 한다. 꼬미 마을에 그 옛날의 기품 있고 우람한 정자나무는 사라졌지만, 마을 회관이 세워지면서 사람의 손으로 만든 치산정雉山停이 주민들을 맞이한다. 2년 전 아름다운 마을 가꾸기 사업을 하면서 마을 예술인 배철섭 씨가 손수 제작한 치산정 현판도 달고, 청년? 주민들이 지붕 위를 깨끗하게 청소도 하고 도색도 하여 정갈하게 꾸며 놓았다. 이제 역사는 정자나무에서 치산정으로 옮겨가고 있다. 치산정은 새로운 마을 문화를 만들어 낼 것이고, 또 다른 형태로 우리들의 이야기를 담아낼 것이다.

프란치스코 교황님께서 『찬미받으소서』 회칙 146항에서 토착 공동체와 그 지역의 문화 전통에 각별한 관심을 기울이라고 말씀하신다. 농촌에서 어떻게 살아야 할 것인가에 대한 방향을 설정해 주시고 시골살이 삶의 가치와 의미를 부여해 주는 말씀이다. 눈만 뜨면 자연이 몸으로 느껴지는 이곳에서의 삶은 교황님의 회칙을 더 가까이 느끼게 한다. 시골은 나무 하나, 풀잎 하나, 꽃잎 하나 창조주 하느님을 찬미하지 않을 수 없는 환경이다. 지구 위기로 인해 가장 소외되고 어려움에 처하게 된 농촌이기도 하다. 가뭄과 홍수, 태풍과 수해의 피해가 삶터, 농토를 위협하고 있는 현실이다. '우리가 생태계에 관심을 기울이는 이유는 그 합리적 활용 방법을 찾기 위해서만이 아니라 그 효용과는 별도로 생태계가 고유한 가치를 지니고 있기 때문이다.' 『찬미받으소서』 140항 이 말씀은 꼬미 마을에서 이미 살아 움직이고 주민들의 마음 안에 자리하고 있다. 마을의 나무 하나에도 사람들의 생사고락이 들어 있고, 나무에 대한 추억과 기억이 살아 있는 한 자연과 우리는 서로 공존한다. 나무는 나무의 가치대로, 사람은 사람의 가치대로 함께 숨 쉬는 마을이 되리라.

"하느님께서는 만물을 존재하라고 창조하셨으니
세상의 피조물이 다 이롭고…"

지혜 1,14

2023. 10. 22.

동네 우물 되살리기

사회 생태

더운 여름 어느 날 꼬미 마을에 혜성처럼 한 분이 나타나셨다. '동네 우물 되살리기 운동'을 하시는 성익환 물 박사님이다. 이 지역 지질 분포와 수질을 통해 본 암반 지하수는 건강한 물 문화를 만들고 지역 향토 문화예술과 먹거리를 찾는 도시 관광객들과 소통할 수 있는 마중물 역할을 할 수 있다고 하셨다. 좋은 물이 있지만 지표수의 유입으로 현재는 먹을 수가 없으니 현대 공법으로 오염원을 막아 내고 천연 미네랄워터 시추 개발을 제안했다. 이 지하수는 생명과 직결된 하루 2리터 마시는 물로만 사용하자는 것이다. 천

꼬미 마을
통합생태
프로젝트

연 미네랄 중에 칼슘, 마그네슘, 칼륨 등의 함량이 높고, 세계적인 물 에비앙보다 1.5배 칼슘 함량이 높단다.

　박사님 말씀의 방점은 마을 공동 우물을 되살려 위기의 농촌 마을이 다시 살아날 수 있는 마중물 역할에 있었다. 이 우물로 인해 다양한 문화 행사나 방문 기념품을 만들어 낼 수 있고, 마을 경제를 활성화시킬 수 있는 소재를 제공할 수 있으리라. 무엇보다 향토 문화예술 마을로 자리매김하지 않겠냐는 것이다. 지금도 장수 마을이나 다름없지만, 우선 건강한 물을 마심으로써 무병장수하고, 비어 가는 마을에 나도 함께 살고 싶다는 마음을 불어넣어 줄 수 있을 것이다. 옛 선조들이 공동 우물가, 큰새미에서 서로 소통의 길이 열렸듯이, 매일 마실 가듯이 샘터로 마실 물 받으러 오며가며, 생수 마신 후의 효과도 나누고, 마을의 발전과 미래 이야기를 자연스럽게 나눌 수 있으리라.

　가뭄으로 인해 타들어 가는 곡식들을 바라본 경험이 있는 어르신들은 물이 얼마나 소중한지 누구보다 절절하게 느끼고 계신다. 갈라진 논바닥에 서로 물을 대고자 했던 물꼬 분쟁을 한 번도 해보지 않으신 분도 없을 것이다. 모든 살아 있는 생명체는 물 없이는 살 수 없다. 그런 만큼 공동 우물을 만들더라도 원칙을 잘 만들어서 준수해야만 물 분쟁이 안 일어날 것이다. 상생하는 물 관리를 통해 서로가 힘이 나고 살아나는 마을로 가꾸는 것 또한 소중한 우리의 몫이리라.

공동 우물 되살리기 프로젝트는 꼬미 마을의 꿈이다. 이 꿈이 실현될지 안 될지는 아직은 미지수이다. 이제부터 시작이다. 전문가를 초대해서 공청회도 열고, 모든 주민들이 함께 토의하고 나누면서 합의점을 찾는 것이 첫 번째 할 일이다. 아주 작은 마을에서 아주 큰 프로젝트이다. 시추 공사에 들어가는 비용이 만만치 않기 때문이다. 크고 작은 고비들을 넘어갈 힘이 있어야만 가능하다.

꼬미 마을 통합생태 프로젝트

1995년 유럽을 방문했을 때, 물을 파는 모습을 보고, '물을 사 먹다니 참 희한한 세상이다'라고 생각했다. 다른 것도 아니고, 어째 물을 사 먹어야 하는가? 다른 건 몰라도 물값을 받는다니 참 인심이 고약한 나라라고 생각했다. 암튼 물을 사서 먹는다는 것이 놀랍고 신선했다.

우리나라에서도 그런 날이 올까 싶었는데, 어느새 우리도 물을 사서 먹는 것이 생활화되었다. 수돗물이 안전하지 못하다는 인식 때문이다. 수십 년 전 노후한 수도관에서 나온 물을 분석한 것을 본 적이 있는데, 완전 오물 덩어리였다. 이런 물을 마시고 있었다니, 속이 메스꺼워졌다. 그것을 보고 한동안 수돗물을 마시기가 참으로 어려웠다. 이집트에서 몇 개월 살 때도, 물 때문에 가려워서 죽을 고생을 했다.

마을 주민들에게 생명을 보장해 줄 공동 우물 되살리기를 주님께서 바라시는지, 천연 암반수를 빼서 먹으면 안 된다고 말씀하시는지 여쭈어보는 오늘이다.

"생수가 솟는 우물을 발견하였다."

창세 26,19

2023. 10. 29.

모래사장

자연 생태

'고향~' 하면 제일 먼저 떠오르는 것이 강변에 끝없이 펼쳐진 하얀 모래사장이다. 모래사장 가장자리는 포플러 버드나무가 숲을 이루고 있었고, 동네 개울물이 강으로 흘러 들어가는 길목에는 송사리 떼들이 신나게 놀고 있었다. 어른들은 모래사장에 큰 우산을 받쳐 놓고 누워서 모래찜질을 한다. 아이들은 백사장에서 놀다가 힘들면 버드나무숲, 샛강에서 물놀이를 한다. 강변 모래사장은 우리의 쉼터였고, 놀이터였다. 홍수 나는 여름이면 이쪽 끝과 저쪽 끝이 보이지 않던 강이 겨울이면 온 강바닥이 모래사장으로 덮인다. 모래

꼬미 마을
통합생태
프로젝트

톱에 덮여서 강물은 어디에 붙어 있는지 보이지 않는 샛강처럼 된다. 이런 모습을 눈만 뜨면 평생 동안 볼 수 있을 줄 알았다.

    4대강 사업으로 수천, 수만 톤의 모래가 흔적도 없이 사라졌다. 날마다 모래를 실어 나르던 수십 개의 트럭이 흙먼지를 일으키며 다니던 그 모습이 떠오르면 가슴이 미어진다. 다시 몇만 년, 몇억 년의 세월이 흘러야 그 모래를 다시 만날 수 있을까? 꼬미 마을의 자산 중의 자산이었던 그 모래사장을 잃고 몇 년간 분노했었다. 수만 년 동안 강과 함께 살아온 모래들의 아우성이 지금도 들리는 듯하다. 모래를 인간이 만들어 낼 수 있을 것인가? 바람과 비, 천둥과 번개, 홍수와 가뭄, 서리와 이슬 등 자연이 만든 것이다. 인간의 힘으로는 불가능한 일을 인간이 저지르고야 말았다.

    모래사장이 없으니 새들이 앉아서 쉴 쉼터로 근근이 찾은 것이 수문보 난간이다. 이제 더이상 밀려날 곳이 없으니 여기는 그들의 자리라고 표시라도 해 둔 듯이 하얀 새똥으로 영역 표시를 해 두었다. 안타깝기도 하고, 마음이 짠하기도 하다. 보가 생긴 후, 몇 년이 지났다. 녹조라테를 더이상 방치할 수 없다고 환경 단체들이 강력히 요구하니 수문을 열어 주었다. 시간이 흘러 흘러 두어 군데 모래톱이 생겼다. 모래톱 하나는 하트 모양으로 생겼다. 그 위에서 새들도 옹기종기 모여서 '이것이 웬 득템이냐'는 듯 여기저기를 날아다니며 기쁘고 즐거워서 축제를 하는 듯했다. 모래를 다시 바라보는 그 마음을 무엇으로 표현할 수 있을까? 햇살과 모래가 어울려 은빛, 황금빛으로 빛나는 광경을 바라보는 이들의 마음속에도 사랑의 꽃이 피어올랐으리라.

 어느 날, 쓰라린 가슴을 안고, 그 옛날 모래의 흔적이라도 발견할 수 있을까 싶어서 강가로 갔다. 물가로 가려면 모래 속으로 발이 폭폭 빠져들어 가는 긴 모래사장을 타박타박 걸어가야 해서 그 길이 지루하게 느껴졌었는데, 이제는 참으로 그리운 풍경이 되었다. 약간의 풀숲길을 지나면 바로 물가이다. 하얀 모래는 눈곱만치도 찾아볼 수 없었고, 파쇄석처럼 생긴 돌들 사이에 진흙이 자리하고 있었다. 그 모래가 그리워서 그나마 맨질맨질한 돌

꼬미 마을
통합생태
프로젝트

몇 개를 주워 왔다. 잠시 강을 바라보고 앉아 있노라니, 눈물이 그냥 줄줄 하염없이 흘러내렸다. 아름다운 자연과의 상실감은 이루 말할 수가 없구나! 지금도 금빛 모래사장을 생각하면 눈가에 이슬이 절로 맺힌다. 수만 년 동안 자연이 만들어 낸 그 모래와 애도의 시간은 아직도 끝나지 않았다. 자연을 빼앗긴 트라우마도 생길 수 있음을 느끼게 하는 시간이다. 이제 꼬미 백사장 모래에게 배우는 시간이 사라졌다.

한때는 발전과 물질적 진보가 우리의 희망이고, 꿈이었던 시절이 있었다. 이제는 덜 일하고, 덜 소비하고, 덜 서두르는 생태적 회심으로 전환이 필요한 때이다. 오늘도 '덜 하는' 것으로 회심하는 날이다.

"하느님께서 솔로몬에게 지혜와 매우 뛰어난 분별력과
넓은 마음을 바닷가의 모래처럼 주시니…"

1열왕 5,9

2023. 11. 5.

생태 사도

사람 생태

서울대교구 평신도사도직협의회에서 제1차 생태 사도 리더십 과정으로 '찬미 받으소서' 소모임을 위한 길라잡이 책 강독 7주간과 1박 2일 동안 강화 노틀담 생태 영성의 집에서 생태 영성 피정을 마쳤다. 강독팀은 4개 팀, 8개 교구 소속 40여 명이었다. 길라잡이 책 수정판 편집을 함께했다는 이유로 나는 2팀 소속의 강독을 안내하는 이끎이 역할을 했다. 비대면 줌 Zoom 미팅을 통해 매주간 함께 책을 읽고 나누었다. 모든 팀원은 지구 환경에 대한 각성과 더불어 7주간 내내 생태적 회심과 회개의 시간이 되었다.

꼬미 마을
통합생태
프로젝트

강독에 이어 이틀간 피정은 우리들을 생태 사도로 새로 태어나게 했다. 조경자 수녀님의 지구 환경에 대한 사명에 대한 일깨움과 호소 그리고 본인의 증거적 삶은 다시 한번 경각심과 위기의식을 갖게 했다. 소피아 수녀님의 찬미 받으소서 7년 여정과 자원 순환 재활용법, 마리영주 수녀님의 자연 농법을 위한 액상 비료 만드는 법과 몸 기도, 카타리나 수녀님의 'Laudato Si찬미받으소서' 노래, 생태 화장실, 각자 집에서 사용하는 온실 가스 배출량 조사, 팀별로 리더십 과정 이후에 제안할 점 등을 보고 듣고 느끼면서 생태 사도로서 살아가고자 하는 우리들의 마음에 7주간 동안 지펴진 불이 활활 타오르게 했다. 영성의 집 수녀님들의 각자 전문성을 살린 역할 분담 또한 감탄스러웠다.

나의 환경 문제에 대한 각성은 1991년 낙동강 페놀 유출 사건 때부터이다. 당시 대구 가톨릭 근로자회관 교육 간사로 일하면서 단체 회원으로 참석하게 되었다. 서울 YMCA에서 주최하는 환경 운동가 교육도 받고, 대구대교구 환경 운동 1세대인 정홍규 신부님의 영향으로 여러 가지를 보고 듣고 배우고 실천하기도 했다. 2003년 미국 제네시스 농장을 설립한 생태 학자 맥길리스 수녀님과 만남 이후, 나의 기원은 별인 것을 인식한 후, 삶의 자세가 구원 영성에서 창조 영성으로 전환한 계기가 되었다. 별빛 회복을 위한 '우주공동체' 모임을 조직하여 열정을 쏟기도 했다. 불성실했지만 근 10년에 걸쳐서 어렵고 새로운 용어 때문에 낑낑대며 책을 읽던 생태 관련 공부 모임, 서울대교구 환경사목위원회 하늘땅물벗 '서강 벗' 회원으로서의 활동 등 나름 지구 환경을 의식한다고 살아온 세월이었지만, 때로는 안일하게, 때로는 큰 좌절로 맥없이 살기도 했다.

　지난해 서울대교구 환경사목위원회의 '찬미 받으소서' 실천 사례 공모전에서 꼬미 마을이 통합 생태 마을로 버금상을 받았다. 고령군의 아름다운 마을 가꾸기 사업으로 선정되면서 위기의 농촌 마을에 새로운 바람이 불기 시작했다. 마을을 가꾸고 꾸미다 보니 자연 생태, 사람 생태, 사회 생태 등 자연스럽게 통합 생태 마을로 꿈을 꾸게 된 것이다. 한편, 개인 생활 안에서 서울살이에

꼬미 마을
통합생태
프로젝트

서는 물티슈 사용자를 못마땅하게 생각하였으나, 오히려 시골 와서 물티슈를 사용하는 자신을 보면서 개탄스러웠다. 시골살이에서도 만만치 않은 쓰레기 배출량을 보면서 한숨이 절로 나오고 개인적, 사회적 분노도 만만치 않았다.

교황님께서는 우리들의 의식의 대전환을 요구하시며 절규하고 계신다. 피정 이후, 그 절규가 이제 나의 심장에 꽂히기 시작했다. 생태 사도로서 지구를 위한 기도와 피조물과 함께 드리는 기도를 하며 날마다 빼곡한 생태 사도 일지를 기록하고 있다. 2팀원들도 매주 각자 생태영성 활동 보고를 카카오톡에서 하고 있다. 생태적 회심을 도운 평협평신도사도직단체협의회은 찬미를 받으소서!

"주 하느님의 말이다.
그러니 너희는 회개하고 살아라."

에제 18.32

2023. 11. 12.

지산동 고분군

사회 생태

고향 땅에 내려와서 가장 놀라운 곳은 경북 고령군 지산동 고분군이었다. 산꼭대기 제1호 고분부터 706호에 이르는 무덤이 산등성이를 타고 장관을 이룬다. 산과 하늘과 조화를 이룬 무덤이 이렇게 아름다울 수 있음을 이 고분군을 통해 알게 되었다. 잔디 원형 무덤 속 죽은 영혼의 긴 침묵이 산 영혼에게 삶과 죽음이 둘이 아니라 하나임을 깨닫게 해 주고, 위로와 평화를 안겨 준다. 모난 삶도 무덤 앞에서는 둥글게 다듬어지고, 뛰어나고 특별한 삶도 죽음 앞에서는 겸손해진다. 무덤은 언젠가는 내가 가야 할 길, 나의 자리임을 분명하

꼬미 마을
통합생태
프로젝트

게 알려 주고 있다.

쉬는 시간이 생길 때마다 종종 고분군에 올라갔다. 어떤 무덤은 탑돌이 하듯 무덤돌이 하면서 둘러보기도 하고, 어떤 무덤은 현미경으로 바라보듯 자세히 그 주변을 보기도 하고, 어떤 무덤은 그 앞에 앉아서 긴 산등성이 무덤 줄을 헤아려 보기도 했다. 지금 지상에서 바라보는 무덤은 평화 그 자체인데 무덤 속을 그려 보니 가슴이 저민다. 오늘날의 시각으로 참으로 이해하기 어려운 당시의 장례 양식인 순장제에 희생된 수많은 시종, 궁녀, 노예, 신하, 가족들의 영혼이 떠오른다. 십여 년 전 왕릉전시관을 방문한 7살 조카가 "고모, 왜 산 사람을 같이 묻어요?"라고 질문했을 때, 참으로 난감했던 기억도 난다. 고분군을 오를 때마다 다양한 체험을 한다. 어떤 날은 대가야의 역사가 살아 움직이는 것 같기도 하고, 어떤 날은 현재의 삶이 갑자기 멈추어 버린 느낌을 받기도 한다.

어느 날, 한 걸음 한 걸음 발밑을 자세히 보며 걷다가 토기 조각을 발견했다. 1500년 전의 살아 있는 역사가 아닌가? 너무 놀라서 눈이 휘둥그레졌다. 이 작은 조각이 얼마나 나이가 많은가? 열 살도 아니고, 백 살도 아니고, 천 살이 넘은 조각이 아닌가? 너무나 신기해서 이리저리 만져 보았다. 혹시나 싶어서 주변을 자세히 둘러보는데, 또 다른 조각도 보였다. 이것이 웬일인가? 별별 생각이 다 들었다. 발굴 후 처리하지 않은 것인가? 토기가 너무 많아서 조각 정도는 그냥 버려진 것인가? 여기저기 흩어진 조각들을 주워서 박물관으로 가져갔더니 산에 다시 갖다 두라고 했다. 다음 발굴 시에 조각이 짜 맞추어질 수 있다는 것이다. 아무튼 이해되지 않는 상황이었다.

지산리 고분군이 마음의 고향처럼 되었다. 마음이 답답할 때도 오르고, 마음이 심심할 때도 오르고, 마음이 즐거울 때도 오르고, 누군가가 그리울 때도 오르고, 누군가가 불편해질 때도 오른다. 고분군을 오르고 내리는 사이에 나도 모르게 어느새 마음도 평정심을 찾고 몸도 균형이 맞추어진다. 11월 위령 성월에는 더 자주 올라야 할 이유가 생겼다. '오늘은 나, 내일은 너 Hodie Mihi Cras Tibi'

꼬미 마을
통합생태
프로젝트

말씀을 묵상하는 시간이다.

9월 17일은 가야 고분군이 세계 문화 유산으로 등재된 날이다. 등재 소식을 접한 나흘 후에 곽용환 전 군수님과 노재창 전 개진면장님이 꼬미 관솔 갤러리를 방문하셨다. 가야 고분군이 세계 문화 유산에 등재되기까지 10여 년 전부터 각고의 노력을 기울인 과정을 들으니, 내 고장 고령이 더욱 자랑스러워졌다. 이날이 오기까지 누군가는 뿌리가 되고, 누군가는 줄기가 되고, 누군가는 잎이 되고, 누군가는 꽃이 되어 모두가 하나로 조화를 이루었음을 알게 되었다. 그리하여 우리 모두 다 같이 기쁨과 영광을 누릴 수 있구나 싶었다. 두 분의 진심 어린 방문으로 인해 눈에 보이지 않는 것도 마음으로는 볼 수 있음을 깨닫게 해 주는 소중한 시간이었다.

"무엇이든지 다 마음에 간직하십시오"

필립 4,8

2023. 11. 19.

자연 나눔 Sharing Nature

자연 생태

'자연自然'의 사전적 의미는 사람의 힘이 더해지지 않고 세상에 스스로 존재하거나 우주에 저절로 이루어지는 모든 존재나 상태이다. 인공을 가하지 아니한 것, 하느님의 창조물은 다 자연인 것이다. 인간 역시 자연에 속한다. 대자연과 가까이 살지만, 자연을 얼마나 인식하고 있는가? 수많은 식물, 날짐승, 길짐승, 곤충에 대해 그 이름만이라도 알고 있는 것이 얼마나 되는가? 여기저기에서 흔히 볼 수 있는 거미만 해도 거미집 안에서 거미가 다니는 길매끈한 세로선과 먹잇감을 잡는 길점성이 있는 가로선이 다르다는 것을 알고 있는가? 거미

꼬미 마을
통합생태
프로젝트

가 벌레를 잡아먹고 버리는 쓰레기통도 어떤 것은 2, 3층으로 되어 있다는 것, 또한 놀랍지 아니한가?

자연을 무척 좋아하지만, 자연에 대해 아는 게 별로 없구나를 인식하게 된 것은 2012년 한국셰어링네이처 협회의 자연 나눔 전문가 양성 과정에 참여하면서부터다. '자연 나눔', 당시 나에게는 생소한 용어였다. 자연 교육도 아니고 자연 나눔이라니, 사랑 나눔처럼 자연도 서로 나눈다는 것인가? 교육의 소재가 자연이고, 자연을 통한 자연 인식 프로그램이다. 자연을 함께 알아 가고, 안 것을 공유한다는 의미로도 해석할 수 있겠다. 물, 공기, 바람, 소리, 향기, 형형색색 아름다움과 혜택을 누리고 살면서 자연에 대해 너무 늦게 알았구나 싶었다.

셰어링 네이처는 미국의 세계적인 자연 교육자인 조셉 바라트 코넬Joseph Bharat Cornell 박사가 창시한 프로그램이다. 오감 훈련을 통해 자연의 놀라움을 발견하고 '자연과 나'는 하나라는 사실을 깨닫는다. 자연 나눔의 가장 큰 특징은 단계별 학습Flow Learning이다. 1단계는 열의를 일깨우는 활동수달, 2단계는 주의를 집중하게 하는 활동

까마귀, 3단계는 자연을 직접 체험하게 하는 활동곰, 마지막 단계인 4단계는 영감을 나누는 활동돌고래으로 이루어진다. 내가 특별히 좋아하는 활동은 벗으로부터 선물 받는 '내 나무예요'이다. 무심코 지나다니던 나무지만, 선물로 받는 순간, 나는 나무와 하나가 된다. 나무의 숨소리도 들어 보고, 나무 옆에서 친구가 되어 보기도 하고, 하늘 향해 푸르게 푸르게 자라나는 나무의 꼭대기를 바라보며 나무 끝에 달린 나의 꿈도 함께 올려다본다.

3년째 장상욱 한국셰어링네이처협회 소장님과 함께한 전주 우석대 학생들의 전문가 양성 과정에서 큰 희망을 보았다. 그들은 자기가 살고 있는 환경에 대해 자연스럽게 관심을 가졌다. 자연을 경이로운 시선으로 바라볼 수 있는 힘이 생기는 모습을 보면서 인간은 모두가 관상가이자 영성가임을 확인하는 계기가 되었다. 이쯤 되면 자연을 훼손하거나 헤치는 일은 할 수 없게 된다. 더불어 교황님께서 지구를 위한 기도에서 요청하시는 것에 대해 응답할 수 있으리라. 살아 있는 모든 생명체와 더불어 살기를 희망하고 생명과 아름다움을 돌보는 자가 될 것

꼬미 마을
통합생태
프로젝트

이다. 그들은 오염과 파괴가 아닌 아름다움의 씨앗을 뿌리는 자가 되리라.

지상에 존재하는 모든 이가 무관심, 무감동에서 벗어나고, 존재하는 모든 것과 친밀한 일치를 느낄 수 있는 그날을 고대한다. 꼬미 마을 주변의 산과 강변을 중심으로 '작은 세계 탐험', '카메라 놀이', '애벌레 산책', '나무의 맥박 듣기', '밧줄 따라 숲속 여행', '사이렌트 워크', '박쥐와 나방', '어둠을 밝혀라', '자연 빙고', '소리지도', '숲속에 누워' 등등 수십 가지 자연 나눔 활동들이 벗들을 기다리고 있다.

"이미 자연이 여러분에게 가르쳐 주지 않습니까?"

1코린 11,14

관계 인구와 교류 인구

사람 생태

요즈음 사용하는 언어 중에 관계 인구, 교류 인구란 표현이 정답게 들린다. 특히 인구 소멸 지역인 농촌의 현실에서는 더욱 기쁜 소식이다. 관계 인구는 정주하고 있는 사람은 아니지만, 자주 왕래하여 친밀감이 깊어지고 밀접한 관계를 갖는 사람들이다. 이들은 지역 만들기에 필수적이며 유동적으로 관련된 사람들을 의미한다. 지역 내에 뿌리가 있거나, 과거에 근무지였거나 거주나 체류 경험이 있는 사람일 경우가 많다. 교류 인구는 관광차 방문한 사람을 가리킨다. 정주 인구만이 그 지역 인구라고 알고 있을 때는 시골살이에

2023. 11. 26.

꼬미 마을
통합생태
프로젝트

뭔가 모르게 답답함이 있었는데, 두 용어를 만난 후부터는 의식이 확장되고 이해의 지평이 넓어졌다. 교류 인구가 많아지다 보면, 그들 중에 관계 인구로 전환되어 정주 인구가 되지 않을까 하는 희망을 불어넣어 주기 때문이다.

관계 인구 창출과 확장이라는 말 자체로 이미 마을이 사람들로 북적거리고, 생기 넘치고 활발해지는 느낌이다. 최종 목표인 정주 인구로 안착하지 않더라도 사람 사는 곳에 사람들이 오고 가야 사람 사는 맛이 난다. 출가한 자녀들은 제일 많은 꼬미 마을 관계 인구에 속한다. 그다음으로 귀향한 세대들의 지인들이나 자주 오는 손님들이 있다. 마지막으로 관계 인구 중에 아주 귀한 사람들인 꼬미 마을의 변화에 대해 관심을 가지고 협력하고 연대해 주는 사람들이다. 마을에 인적·물적 자원을 지원해 주거나 연결해 주고, 새로운 활동과 사업들을 제안하고 격려와 지지를 해 주는 사람들이다. 적극적인 협력자들을 한 분 한 분 적어 보니 최소한 열 분 이상이다. 그들을 통해서 사회적 기업 신청서도 제출하고, 동네 우물 되살리기도 시도하고, 해바라기밭도 만들고, 통합 생태마을 프로젝트도 하고, 지역 사회의 다양한 프로그램과 사람들을 만날 수 있는 계기도 되었다.

관계 인구를 늘어나게 하는 것은 무엇보다 좋은 관계를 만들어 가는 것이다. 좋은 관계를 유지하는 방법은 한 사람 한 사람을 진심으로 대하고, 진심으로 응답하고, 진심을 주고받는 관계에서 비롯됨을 알 수 있다. 그러다 보니 어떤 사람이 빈집의 주인으로 와서 우리의 이웃이 될 것인가도 관심 가는 항목이 되었다. 도시 생활에 익숙해진 사람들이 이웃과 교류를 하지 않고, 조용하게 살고 싶어 하는 사람들일 경우에는 주민의 일원으로서 존재감이 없고, 마을 내에 또 하나의 섬을 만드는 것을 볼 수 있다. 열린 마음으로 이웃과 연대하고 협력할 수 있는 이가 새로운 이웃이 되면 좋겠다. 아름답고 살맛 나는 마을 공동체 형성에 적극적인 관심을 가진 사람이면 금상첨화이다.

무엇보다 교류 인구를 어떻게 늘릴 것인가? 최근 들어 가장 많은 방문객은 '가람 쑥 농원'에 농촌 체험 활동

꼬마 마을
통합생태
프로젝트

생명의
빛을
찾아서

을 하러 오는 어린이집 유아들이다. 겨울을 제외하고 봄에는 감자 캐러, 여름에는 수박 파티 하러, 가을에는 고구마와 땅콩을 캐러 온다. 그때마다 주민들의 기분은 저절로 좋아지고, 아이들을 바라보는 사랑스러운 눈빛이 온 동네를 물들인다. 올해 여름에 꼬미 관솔 갤러리를 개관했으니 이제부터는 갤러리 관람객도 한몫을 하리라 본다. 갤러리 기획전을 정기적으로 열어 새로운 문화 마을로 거듭나기를 바래본다. 생태 피정과 영적 돌봄의 장으로도 꿈을 꾸어 본다. 농촌 재생 사업 중 많은 프로젝트가 대부분 공모 사업에 참여하는 것이었다. 이러한 사업도 컨설팅팀과 연대하지 않으면 어렵다고 귀띔을 해주는 이도 있다. 그 길이 아닌 다른 길도 있을까? 농촌 재생, 멀고도 어려운 길이며 장거리 마라톤이다.

"이는 당신의 사업을 수행하시려는 것이니
그분의 사업은 기묘하기도 하여라."

이사 28,21

2023. 12. 3.

감마 영성

사회 생태

조직 사회를 생명의 빛으로 비추어 줄 경영법도 있을 수 있을까? 지역 사회를 있는 그대로 볼 수 있는 힘을 기르고, 변화의 시작을 어디에서부터 출발해야 하는지, 함께 만들어 가는 공동체가 되려면 어떻게 해야 하는지를 배울 수 있는 틀이 있다고 말하고 싶다. 삶을 풍요롭고 충만한 방법으로 살아가게 하는 힘이 생겨나도록 돕는 것이 바로 감마 영성이다. 감마 영성감사하는 마음을 연마하는 영성의 출발은 감마 모델GAnzheitliche Marketing MAnagement Modell에서 시작되었다. 오스트리아 루드비히 캅퍼Ludwig Kapfer가 경영 현장에서 성공 모델로 개

꼬미 마을
통합생태
프로젝트

발한 것이 감마 모델이다. 분석에서 평가에 이르기까지 총체적으로 조직을 진단 설계하고, 실행하는 조직 경영 모델이다.

감마에 매력을 느낀 것은 경영 모델인데, 조직 경영에만 유용한 것이 아니라 개인의 삶의 철학과 방향을 정립하는 데도 유용했다. 수시로 변화하는 외부 환경 안에서도 방향키를 잡고 삶의 본질에서 벗어나지 않을 수 있었다. 세상을 살아가는 데 있어서 중요한 것을 놓치지 않고 살아갈 수 있는 기틀을 마련해 주었다. 나만 그러한 것이 아니라, 단지 2박 3일 감마 교육을 받고 10년이 지난 후에, 지금까지 감마는 자기 삶을 영위하는데 중심축이라고 말한 것을 들은 적도 있다. 나 역시 성령의 이끄심에 맡기는 삶보다 먼저 내 몸속에 뿌리내린 것이 감마였으니 말이다.

1995년부터 시작해서 10년 동안 감마 교육과 컨설팅을 하다 보니, 비영리 조직 경영에 대한 한계에 부딪히기 시작했다. 자칫하면 자본주의를 부추길 위험도 있겠구나 싶었다. 늘 새로운 변화를 추구하고, 새로운 환경에 발맞추다 보면, 사람을 도구화하고, 조직의 이윤에만 더 방점을 찍을 수 있겠다 싶어서 아찔하기도 했다. 그때부터 고민이 되어 보완할 방도를 찾아야 했다. 경영과 영성의 통합, 감마 영성은 이 길목에서 탄생한 것이다. 2005년 감마 모델은 감마 영성으로 거듭나게 되었다. 영적인 삶의 열매는 감사와 축복으로 드러남을 깨닫고 감사하는 마음을 연마하는 영성 운동으로 접근하기 시작했다. 감마 영성으로 직원 교육을 하고 나니, 2박 3일 참 좋은 피정을 한 것 같다고 이구동성으로 말했다.

꼬미 마을에 내려와서 여러 가지 활동을 구상할 수 있는 힘도 감마 영성에서 비롯되었다. 조직 분석, 고객 분석, 주변 환경 분석이라는 딱딱한 표현으로 하지 않아도 지역 사회의 모습이 자연스럽게 내 안에 그려진다. 20년 이상 수백 번의 워크숍이나 컨설팅을 통해 익힌 시각은 보는 눈, 듣는 귀를 확장시켜 주었다. 이런 일을 해도, 저런 일을 해도 이제는 신나고 즐겁다. 감마 영성 팀을 꾸릴 때가 되었다는 생각이 든다. 코로나 시국으로 인해 만남이 자유롭지 못해서 뜸들이고 있었던 활동을 펼

꼬미 마을
통합생태
프로젝트

칠 때가 오고 있다. 한 배를 타고 가려면 각자 다른 방향을 보더라도 목표점이 같아야 한다. 한 방향 정렬을 할 수 있는 도구가 감마 영성이다.

20여 년 이상 감마와 함께 걸어온 나의 삶이다. 감마 영성으로 지역 사회 안에서 새로운 꿈을 꾸어 보니 새로운 생명의 빛이 비추어진다. 그동안의 노하우를 땅속에 묻어 두지 않고, 열 배, 백 배의 달란트로 주님께 보답하려고 하니 벌써부터 가슴이 설렌다. 교황님의 『찬미받으소서』 회칙을 실현할 수 있는 새로운 신념, 자세, 생활 양식을 끌어낼 수 있는 하나의 도구로 활용될 수 있으리라.

"제가 있지 않습니까? 저를 보내십시오"

이사 6,8

2023. 12. 10.

독수리 식당

자연 생태

꼬마 마을
통합생태
프로젝트

천연기념물 243-1호요, 멸종 위기 야생 동물 II급, 국제자연보전연맹에서 준위협Near Threatened종으로 지정했다. 가장 크고 강한 맹금류로서 아시아에 80%가 살고 있다. 얼마나 큰가를 보면, 몸길이가 100~110cm, 펼친 날개 길이가 250~295cm, 수컷은 7.5~11.5kg, 암컷은 8~12.5kg이다. 성조가 되는데 6~7년이 걸린다. 몸 전체가 균일한 암갈색이며, 정수리와 윗목에는 털이 없고, 발톱은 몸집에 비해 짧고, 끝이 다른 맹금류보다 덜 뾰족하며, 목 주변에는 특이한 것이 있고, 암컷과 수컷을 육안으로 구별할 수 없다. 겨울 철

새로서 우리나라에서 군집을 형성하여 먹이 활동을 한다. 이 새의 이름은 무엇일까?

답은 '독수리'다. 이 독수리가 내 고장 낙동강변 개진면 들판에 날아온다. 추수가 끝난 들판에 봄 감자를 심기 위해 돼지거름을 깔아 놓으면 독수리들 수백 마리가 새까맣게 날아와 있었다. 돼지거름을 깐 밭이 점차 사라지자, 독수리들이 먹잇감이 없어서 대부분 경남 고성으로 날아갔다. 최근 들어 이곳에는 180마리 가량 온다. 독수리는 사냥을 하지 않고 사체를 먹는다. 사체를 깨끗하게 처리해서 탄저균 같은 병균들이 사람이나 동물들을 감염시키는 것을 막아 준다. 그래서 독수리를 '생태계 청소부'라고 한다. 티벳 장례 풍습 중에 '천장'은 독수리가 시신을 먹도록 하고, 독수리가 영혼을 하늘로 인도하는 역할을 한다고 믿는다.

지역의 자연 생태 환경 보존과 사회 환경을 지키는데 앞장서는 곽상수 낙동강 네드워크 공동 대표님이 12월 9일부터 2024년 3월 2일까지 토요일과 화요일에 80kg씩, 총 2,000kg의 소나 돼지 부산물로 밥을 주는 독수리 식당을 연다. 매일매일 환경 관련 정보를 공유하고, 환경을 오염시키는 업체를 고발하고 지역민의 연대를 호소하면서 투신하시니 얼마나 감사한 지 모른다. 태초에 하느님께서 사람에게 다른 창조물들을 잘 돌보라고 하셨다. 사냥을 하지 않는 독수리에겐 자연 상태에서 죽은 동물을 찾기가 어렵다. 독수리는 엄청난 추위를 피하고 먹이를 찾아 수천 킬로미터를 날아온다. 다시 고향으로 무사히 돌아가려면 에너지 보충이 필요하다. 먹이 경쟁에서 밀린 개체들은 죽기도 한다. 이렇게 먹이를 찾아오는 독수리에게 식당을 열어 준다. 이 귀한 나눔과 활동이 얼마나 아름다운가?

우리는 독수리에게서 자기 혁신의 삶을 배운다. 늙은 독수리의 거듭나기를 잘 알고 있다. 독수리의 수명은 70년이지만 대부분 40년밖에 살지 못한다고 한다. 부리가 너무 길어지고 굽어서 자기 가슴을 찢고, 발톱도 너무 많이 자라서 먹잇감을 잡을 수가 없고, 날개도 무성한 깃털 때문에 무거워서 날 수가 없단다. 당장 먹잇감을 먹지 못하면 죽게 되니까 늙은 독수리는 결단을 내리게 된다. 길

꼬미 마을
통합생태
프로젝트

게 자라 구부러진 부리를 거친 바위에 갈아 내거나 스스로 부딪혀 짧게 만들고 구부러진 자기 발톱도 스스로 뽑아낸다. 마지막으로 짧아진 부리로 무성해진 깃털도 뽑아내어 상처가 아물면서 새로운 삶으로 거듭난다. 이 과정을 거친 독수리는 30년 이상을 또다시 하늘의 제왕으로 살아가게 된다. 한 가지 더 독수리에게서 배운다. 독수리는 먹잇감을 먹을 때 먼저 날아왔다고 먼저 먹지 않는다. 모두가 다 모였을 때, 먹기 시작한다. 이 또한 공동체 생활에서 서로를 생각하는 마음을 배울 수 있다. 겨울 생태 탐방으로 낙동강 독수리 식당에 와서 먹이 주기에도 참여하고 독수리의 생태와 가치에 대해 이해하는 시간을 가지면 얼마나 좋을까? 또한 가까운 미래에 '낙동강 독수리 축제'를 함께 꿈꾸며…

정보 제공 : 낙동강 독수리 식당

"그분께서 네 한 평생을 복으로 채워 주시어
네 젊음이 독수리처럼 새로워지는구나"

시편 103,5

2023. 12. 17.

노벗새

사람 생태

'볼수록 매력적이다'를 '볼매'라고 한다. 살면서 간간이 볼매인 사람들을 만난다. 하느님의 시선 안에서는 한 사람 한 사람 모두가 볼매이지만 인간의 시각은 각자의 성향과 취향에 따라 사람을 분별하고 판단한다. 각자 위치에서 하늘의 달을 바라보는 사람들과 같다. 같은 시각에 한국에서 보는 달과 로마에서 보는 달의 모습이 다르지 않은가! 누가 본 달이 정확한 달의 모습이라고 말할 수 있겠는가? 하지만 우리는 각자가 본 것으로 인식하고 지각한다.

귀향한 지 만 3년이 지났다. 이제는 언제 이곳을 떠

꼬미 마을
통합생태
프로젝트

나 있었던가 싶을 정도로 이 고장에 익숙해지고 있다. 고향땅이지만, 떠나서 산 세월이 40년이 되다 보니 지역에 대해서는 생소하고 문외한이었다. 꼬미 동네가 고령군 소속이지만, 생활권은 강만 건너면 대구시 달성군이라 더더욱 낯선 땅, 안면부지로 다가온 고령이다. 하루라도 빨리 이 지역에 정착할 수 있도록 적극적인 도움을 주신 분이 계신다. 2020년 당시 노재창 개진면장님이시다.

생명의 빛을 찾아서

노 면장님은 관솔 작가 아버지를 지역 신문 모든 기자들에게 알려서 기사화하고, 때로는 직접 인터넷 신문 기자가 되어 소개를 하셨다. 지금도 곳곳에 숨어 있는 인재도 발굴해서 힘을 실어주고, 지역 주민들의 미담 사례도 발굴하여 신문에 기고하여 공적으로 알려 주신다. 신실하고 진실한 좋은 사람들과 연대를 할 수 있도록 다리를 놓아 주기도 하고, 지역의 오피니언 리더들을 소개도 해 주고, 심지어 어떻게 인간 관계를 이어가야 하는지도 코치도 해 주신다. 지역 행정기로서 몸에 익힌 행정력, 추진력, 설득력과 겸손한 자세와 태도는 만날 때마다 감탄한다. 가장 많이 한 말은 "공무원 중에 이런 분도 계시는가?"이다. 공무원에 대한 색안경을 바꾸게 한 첫 번째 인물이다.

지금은 퇴직 공무원이시지만 노 면장님을 생각하면 여러 가지 문구들이 떠오른다. 삼국유사 기이 편에 고조선 건국 신화에 나오는 '홍익인간弘益人間', '재세이화在世理化' 단군 이념이 생각난다. 또 다른 하나는 우리 세대가 자나깨나 외우고 다녔던 새마을 운동의 정신 '근면, 자조, 협동'을 떠오르게 했다. '근·자·협'의 모델이라고 존경하기도 하고 우스갯소리로 놀리기도? 했다. 면장님 주변을 보니 세상을 이롭게 하는데 발 벗고 나서는 또 다른 공무원 출신 벗이 있음을 알았다. 김용현 고령군 관광협의회 회장님이었다.

유유상종이 꼭 맞는 말이었다. 두 분은 서로가 하는 일을 진심으로 칭찬하고, 놀라워하고, 감탄하면서 살아가고 있었다. 세상을 빛나게 하는 고귀한 뜻과 사람답게 사는 인간애를 보면서 세상은 이렇게 해서 맛이 나는구나 싶었다. 김 회장님은 다산면장 재직 당시 '클린 다산' 추진으로 지역을 환하게 한 분이다. 지금도 혼자 플

로킹하면서 생활 주변뿐만 아니라 활동 반경 내를 아름답게 가꾸며 앞장서서 창의적으로 일하시는 분이다. 이웃의 어려움도 발 벗고 나서시는 분이다. 꼬미 동네 주민이 감자를 팔지 못해서 고민하고 있을 때, 연락을 드렸더니 40박스를 하루 만에 팔아 주셨다. 삶은 연대의 힘으로 빛이 나고 맛이 나는 것이 틀림없었다.

김용현 회장님과 대화 중에 "노재창은 새마을 운동의 모델이다"라고 하셨다. 뼛속 깊이 근면, 자조, 협동인 것이다. 그리고 보니 친구인 당신도 두 번째라고 하면 서러울 정도다. 지역 사회를 아름답게 가꾸고 꽃피우는 인물들, "노재창과 벗들의 새마을 운동", 노벗새는 이리하여 탄생하였다. 근 · 자 · 협이 삶인 사람들은 모두 노벗새이다. 노벗새여! 비상하라!!!

"기쁜 소식을 전하는 이들의 발이
얼마나 아름디운가!"

로마 10,15

2023. 12. 25.

웰빙과 웰다잉

사회 생태

'노령화와 인구 감소로 사라져 가는 농촌 마을에서 나는 무엇을 하고자 하는가?' 이 질문 앞에 '웰빙과 웰다잉'이 새겨졌다. 삶과 죽음은 인간에게 있어서 절체절명 絶體絶命 의 과제이다. 하지만 위기가 오기 전까지는 방치하기가 일쑤이다. 다음 과제가 살아갈 시간보다 죽음이 임박한 노인들이 대다수인 시골에서 무슨 꿈을 꿀 수 있을 것인가? 신앙의 뿌리인 '신·망·애', 향주삼덕은 새로운 꿈으로 이끌어 주었다. 이곳으로 불러 주신 이유를 찾기 시작했다. 좀 생뚱맞지만 바로 죽음 준비일 것 같았다.

꼬미 마을
통합생태
프로젝트

어떻게 하면 '지구 별 여행이 참으로 아름다웠노라'고 마무리할 수 있을까? 남아 있는 시간 동안, 하루하루가 기쁘고, 행복을 누릴 수 있다면 이보다 더 충만할 수가 없겠구나 싶었다. 우선 지금, 기쁘고 즐거운 거리를 만들어 드리자. 매주 한 번이라도 마을 회관에 가서 함께하는 시간을 갖기로 했다. 어르신들은 내가 마을 회관에 방문하는 것만으로도 얼마나 좋아하고 기뻐하는지 모른다. 존재 자체로 사랑받는 체험을 많이 한다. 모든 분이 나의 어머니요, 할머니이시다. 아낌없이 나누는 무조건적인 사랑을 이렇게 받을 수 있다니, 꿈인가? 생시인가? 감사하고 또 감사한 일이다.

몇몇 놀이 기구를 샀다. 제일 먼저 몸풀기로 원판 자석 다트를 걸어 두고 던진다. 중앙 목표점 가까이 자석이 딱딱 붙을 때는 모두가 박수를 친다. "구실 형님, 상노인이 제일 잘하시네", "삼대댁, 왼팔이 잘 안 올라가더니 이제 많이 올라가네" 하시며 서로를 격려하신다. 어르신들이 제일 재미있어하는 놀이는 둘째 올케가 사다 준 해적통 아저씨 보드 게임이다. 집중력과 조심성을 요하는 놀이다. 통 사방으로 조심스럽게 칼을 꽂아 들어가다가 해적 아저씨가 훌쩍 통 밖으로 뛰쳐나오면 깜짝 놀라면서 즐거워하신다. 테이블 탁구는 의외로 어려운 과제였다. 공을 맞추기도 어렵거니와 탁구공이 도망가면 거동이 자유롭지 않으신 분들이 온 방안을 휘젓어야 했다. 이 놀이는 딱 한 번만 시도하고는 접었다.

한 번은 사진말 그림을 펼쳐 놓고, 엄마 생각하면 떠오르는 그림을 찾아보기로 했다. 그 사진을 들고, 엄마와의 그리움을 풀어내면서, "우리 엄마 생각하니 눈물이 난다"고 하시는 분도 계셨다. 모두가 마음이 따뜻해지고 감동적인 시간이었다. 다음은 죽음에 대한 대화를 나눌 시간이다. 그동안 다른 지역 어르신들을 만나면서 죽음 준비에 대한 대화를 많이 했다. 처음에는 '죽음'이라는 말 자체를 꺼내기도 어려웠다. 이분들이 '죽음'에 대한 말을 어떻게 생각하실까 싶어서였다. 어르신들이 가장 많이 하는 말씀은 "내년에 내가 살아 있을지, 없을지 모르겠다"이다. 처음에는 내가 어떻게 받아들여야 할지 몰라서 "어르신, 왜 그런 말씀을 하세요" 하고 더이상 말씀을 못

꼬미 마을
통합생태
프로젝트

하게 말문을 막아 버렸다.

  노인 사목을 시작한 이유가 웰다잉을 돕기 위해서였다. 그동안 죽음 준비에 대한 글도 보고, 사후 세계에 관한 공부도 하면서 영적 돌봄가로서 품위 있는 죽음을 맞이하기 위한 나름 전도사 역할을 하고 있다. 나이가 들수록 삶이 깊어지고, 맛이 나는 것은 이런 데 있는 것 같다. 지금은 언제 어디서든 누구와도 사후 생에 대해 맘껏 말을 해도 마음이 편안하다. 하느님과 관계에서 맺어지는 사랑·기쁨·평화, 이웃과의 관계에서 맺어지는 인내·선의·친절, 나 자신과의 관계에서 맺어지는 성실·온유·절제 등 성령의 열매로 하루를 열어 간다. 오늘도 하느님의 영광을 위하여 기쁘고 즐거운 시골 생활이다.

> "너희가 많은 열매를 맺고 내 제자가 되면,
> 그것으로 내 아버지께서 영광스럽게 되실 것이다."
>
> 요한 15,8

생명의 빛을 찾아서
꼬미 마을 통합생태 프로젝트

발행일 2024년 10월 12일
지은이 김광숙
발행처 김리아
　　　　 불휘미디어
　　　　 경상남도 창원시 마산합포구 오동동10길 87
　　　　 (055) 244-2067
　　　　 2442067@hanmail.net

가격 15,000원
ISBN 979-11-92576-66-4 03810